참
아름다워라

창조절 13개 주제별 성구해설집

ITS

참 아름다운 세계를 희망하며

하나님의 선하신 기쁨(창 1:31)이 창조의 기원과 토대이며, 목적이다. 하나님께서 보시고 기뻐하셨던 그 세계가 죽음의 어두운 그림자 아래서 신음하며 탄식하고 있다(롬 8:22). 지구 생명공동체가 위태롭다.

체르노빌과 후쿠시마 원전 사고, 원유와 화학 폐기물 누출, 지구 온난화와 빙하의 급속한 해빙, 오존층 파괴와 산성비, 대기와 하천과 토양의 오염, 열대 우림 지역의 심각한 파괴, 수많은 생물 종들의 멸종, 기후위기로 인한 폭염, 폭우, 가뭄, 산불 등. 지구를 파괴하고, 그 행성 위에 거주하는 생명체들의 생존을 위협하는 이런 재난들은 끝도 없이 이어지며 긴 목록을 작성 중이다.

기후위기를 막기 위한 마지노선으로 정한 2050년에, 결국 인류는 2℃ 저지에 실패하고 인류 문명이 종말의 길로 가게 될 것이라는 비극적 전망도 있다. 그래도 아직 시간은 남아 있고, 인간은 선택 가능성을 여전히 그 손에 쥐고 있다. 본서 《참 아름다워라》는 창조의 아름다움을 노래하는 책이 아니라, 지금 나무뿌리에 도끼가 놓여 있음을 경고하는 책이다.

복음은 어둠이 세상을 지배하도록 허락하지 않는다. 하나님의 창조세계에서 하나님의 부재, 이른바 '궐위의 시간'(*interregnum*)이란 있을 수 없다. 세상의 창조자와 화해자이시며, 약속대로 세상을 갱신하고 완성하실 그리스도가 살아계시고 세상을 통치하신다. 그분은 우리에게 생명을 주시고 더 풍성한 생명을 주시기 위해 세상에 오셨다(요 10:10). 오늘의 교회는 그리스도께서 가져다주신 이 풍성한 생명을 세상에 알리고, 생명 살리는 일에 나서야 할 선교적 사명이 있다.

창조절 교회력과 성서일과

교회력에서 창조절기(Creation time 또는 Season of Creation)는 자연생태와 환경에 대한 관심을 촉구하고, 성령 강림절 이후 이어지는 근 반년에 이르는 일반주기(ordinary time)의 비축제 절기 문제를 해결하기 위한 목적으로 현대 교회력 운동에 의해서 제정되었다. 정교회에서는 9월 1일을 창조절로 정하여 교회력의 신년을 시작한다. 유럽기독교환경연대(ECEN)는 9월 1일부터, 동물들의 성인으로 추앙받는 성 프란치스코 축일인 10월 4일까지를 창조절기로 지킬 것을 권장한다. 한국기독교장로회(기장)의 삼위일체 교회력은 9월 첫 주부터 창조절기가 시작되고, 캐나다 연합교회는 9월 둘째 주부터 6주간을 창조절기로 지킨다.

교회력 절기에는 이에 맞는 구약, 시편, 서신서, 복음서 본문이 성서일과로 배정된다. 장로교, 감리교, 성공회를 비롯한 전 세계 에큐메니컬 진영은 RCL(개정공동성서정과)을 공통적으로 사용한다. 그런데 RCL은 창조절을 제정하지 않은 관계로, 동일한 RCL 성서 본문을 사용하면서 설교의 방향만 창조 신앙에 맞추고 있는 실정이다. 기장은 고유한 창조 절기용 성서일과를 운용하는데, 창조절을 우주적 그리스도의 창조와 영광을 기념하는 절기가 아닌, 성부 하나님의 절기로 지켜, 창조나 생태 관련 본문 외에도 성부의 사역과 관련된 다양한 본문을 제시하고 있다.

창조절과 관련해서는 호주의 'Season of Creation' 에큐메니컬 그룹의 활동이 주목할 만하다. 이들은 3년 주기의 창조절 성서일과를 따로 제정하였는데 숲, 땅, 동물, 바다, 하늘, 광야 등 자연을 부분별로 구분하여 이와 관련된 세 본문과 시편 본문을 선정하였다.(이상은 '동물 1' 해설 내용임)

본서는 이 체제를 참조하였고, 더 적절한 성서 본문을 찾아 교체하였다. 그 결과 중복된 두 본문을 포함하여 도합 50개의 성경 본문이 선정되었다. 또한 3년 주기가 아닌 13가지 주요 생태 관련 주제로 나열하는 방식을 취하였다. 교회에서는 적절한 주제를 찾아 환경 관련 예배력으로 운용하면 좋을 것이다.

13가지 주제는 창세기 1장의 창조의 6일 순서에 따라 배치하였다. 각 주제의 집필은 해당 분야 전문 목회자나 교수들이 맡았다. 집필자는 각 주제의 말미에 밝혔다. 본문에 사용된 성경은 한글 개역개정판, 새번역

등이며 필요에 따라 사역(私譯)을 하기도 했다.

　본서가 한국교회의 창조절 교회력 설교에 작은 도움이 되었으면 한다. 본서를 발간할 수 있도록 도움을 준 경동교회 임영섭 목사, 안성제일교회 양 신 목사, 성광교회 차상영 목사에게 특별한 감사를 드린다.
　오소서, 창조주 성령이여! *Veni Creator Spiritus*

2024년 9월 1일, 창조절에
목회와신학연구소
최 영

● 창조절 주제별 성서일과 ●

	주제	구약의 말씀	시편의 찬양	서신서 말씀	복음서 말씀
1주	지구	창 1:1-25	시 33:1-9	롬 1:18-25	요 1:1-14
2주	하늘	렘 4:23-28	시 19:1-6	빌 2:5-15	막 1:9-13
3주	땅	창 3:14-19, 4:8-16	시 139:7-12	롬 5:12-17	마 12:38-42
4주	바람	겔 37:1-14	시 147:1-20	행 2:1-13	요 3:1-8
5주	우주	잠 8:22-31	시 148:1-14	골 1:15-20	요 6:41-51
6주	강	겔 47:1-12	시 104:27-33	계 22:1-5	요 7:37-44
7주	바다	욥 38:1-18	시 104:1-9, 24-26	엡 1:3-10	눅 5:1-11
8주	숲	창 2:4b-22	시 139:13-16	행 17:22-28	요 3:1-16
9주	산	사 65:17-25	시 48:1-11	롬 8:18-28	막 16:14-18
10주	광야	욜 1:8-10, 17-20	시 18:6-19	롬 8:18-27	막 1:9-13
11주	동물1	욥 39:1-8, 26-30	시 104:14-23	고전 1:10-24	눅 12:22-31
12주	동물2	사 11:1-9	시 148:7-14	갈 6:14-18	마 6:25-34
13주	인간	창 1:26-28	시 8:1-10	빌 2:1-8	막 10:41-45

| 차례 |

지구, 생명의 품

창세기 1:1-25, 시편 33:1-9, 로마서 1:18-25, 요한복음 1:1-14

구약의 말씀 | 창 1:1-25

"하나님이 이르시되 천하의 물이 한 곳으로 모이고 뭍이 드러나라 하시니 그대로 되니라. 하나님이 뭍을 땅이라 부르시고 모인 물을 바다라 부르시니 하나님이 보시기에 좋았더라."

이번 주에 묵상할 주제는 '지구'다. 네 본문은 모두 창조와 관련되어 지구를 묵상할 수 있다. 아쉽게도 어떤 본문도 '지구'를 직접 언급하지 않는다. 그러나 창조는 인류가 발을 딛고 있는 지구를 중심으로 전개되기 때문에 네 본문에서 지구를 묵상하기란 억지스럽지는 않다. 인류가 지금까지 지구를 어떻게 대하고 활동해왔는지 주어진 네 본문의 차례로 '보다, 걷다, 파다, 안다' 등 네 동사를 통하여 긴 호흡으로 살펴보려고 한다. 예컨대 창세기에서 사람들은 하나님이 지으신 세상을 '보고'(רָאָה/라아), 아름답고 평화로운 광경을 '보았다'(창 3:4, 6:2, 신 3:25). 사람과 생명체가 모두 신비로운 지구를 '보며' 감탄하고, 만족하며 살았다(신 11:7).

이렇듯 인류는 경이로운 우주의 운행을 보고 지구의 다양한 현상을 보며 삶을 영위하였다. 그러다 사람들은 언제부터인지 '걷기'(הָלַךְ/할라크) 시작한다. 사막을 가로지르고 강을 건너며 걷고 또 걷는다(창 12:4; 31:21; 신 3:28). 역사적으로 '걷다'는 수렵과 채집의 유목민적 삶을 대표한다. 어느 순간부터 사람은 주어진 환경을 활용할 방법을 찾는다. 이를테면 돌을 갈거나 깨고, 샘을 '판다'(הָפַר/하파르). 돌을 쌓고 물을 한곳에 모으기 시작한다(창 26:19; 시 65:9, 80:14). 개발 시대로 진입한 것이다. 사람과 동물을 위한 안전한 음용수 확보는 개발의 서막이다. 점차 지구 곳곳을 뚫고 막고 헤집는다. 급기야 온 지구가 아프고 신음할 지경에 놓여 있다(롬 8:22). 이렇듯 '파다'는 벽돌을 만들고 건물을 세우는 개발 시대를 포괄하는 주요 동사다(창 11:3, 8).

어느덧 지구의 역습이 시작되었다. 눈앞의 유익을 위해 미친 듯이 파헤치자 지구의 환경과 생명체가 앓기 시작한 것이다. 일부에서 지구를 '안고'(חָבַק/히베크) 돌보아야 할 때라고 경고한다. 땅은 오염되고, 산은 허리를 잘리며, 바다와 물은 쓰레기로 몸살을 앓는다. 그 위에 뿌리를 내리며 자양분을 얻어먹는 생명체들도 역시 신음하고 있다. 지구의 자정 능력과 자연의 재생 능력이 한계치에 다다랐다. 지구를 보듬고 사랑해야 할 때다. 창조절에 주어진 네 본문을 중심으로 지구의 신학적 의미를 생태학적 관점에서 묵상하고자 한다.

보다(seeing)

히브리 신앙인들의 눈에 지구는 경이롭고 두려운 대상이었다. 그렇지만 지구를 창조의 결과로 보았기에 숭배의 대상으로 간주하지 않았다. 하나님은 인류에게 '생육하고 번성하며 땅에 충만하라'라고 복을 주셨다(창 1:27). 사람은 반복되는 계절의 변화를 하나님이 정하신 것이며 섭리로 여겼다(14절). 또한 이따금 일어나는 지진이나 홍수, 또는 화산 활동을 보며 자연에 대한 경외심을 갖게 하였다. 그러니 두려운 마음으로 자연에 순응하고 지구의 변화를 주의 깊게 '보았던' 것이다.

창세기 1장은 놀랍게도 하늘과 땅을 하나님의 피조물이라고 선언한다. 모두 7개 문단으로 구성된 창조 기사는 숫자 7과 관련된 암시가 정교하게 들어 있다. 1장에서 땅(הָאָרֶץ/하아레츠)이 하늘(שָׁמַיִם/샤마임)과 함께 7의 3배수 곧 21차례 언급되어 우연의 결과로 보기 어렵게 한다.(숫자 7을 흔히 완전수로 푸는 것은 조심해야 한다. 왜냐하면 수학의 경우 자신을 제외한 약수들의 합과 그 숫자가 같을 때 완전수라 한다. 예컨대 1+2+3=6처럼 6을 제외한 세 약수(1, 2, 3)를 더하면 6이 되어 완전수가 된다). 우선 숫자 7 중심 구조가 눈에 띈다. 즉 1장 1절의 7 단어, 2절의 14 단어로 쓰였다. 특히 '하나님,' '하늘,' '땅'이 첫 구절에 나오고, 전체 기사에서 7배수로 반복된다. 이를테면 엘로힘 35, 땅과 하늘이 각각 21차례 씩 언급된다. 한편 마지막 날을 다루는 일곱째 문단(창 2:2-3)은 세 문장으로 작성된 가운데 안식일에 대한 의미가 상승되고 있다. 각 문장은 일곱 낱말인데 가운데 단어가 곧 '일곱째 날'이다. 하나님이 공들여 창조하신 하늘과 땅은 그만큼 완벽하다는 뜻이다.

영어 earth는 중세까지 '땅,' 또는 '흙'을 의미하였다. 히브리어 흙(אָדָם/아담), 땅(אֶרֶץ/아레츠), 먼지(עָפָר/아파르)등에 해당한다. 그러나 15-16세기 대항해 시대와 과학의 발전을 통하여 당시 세계관 천동설이 힘을 잃으면서 지구는 여러 행성 중의 하나인 별로 인식하게 되었다. 고대 히브리 신앙과 구약성서에서 오늘의 '지구'라는 개념을 찾기 어렵다. 창세기 1장에서 '지구'와 가장 가까운 표현은 '물과 뭍'이다(9절). 본문에 묘사된 대로 하나님이 명령하시자 물과 뭍이 정한 곳에 모이고 드러났다. 천지창조의 과정을 세세히 묘사함으로써 히브리 신앙인은 날마다 '물과 뭍'을 '보며' 그곳에서 삶을 영위하였다.

창조 과정에서 하나님은 창조된 세상을 보고 여러 차례 만족해하신 장면이 나온다. '좋다'에 해당하는 히브리어 토브(טוֹב/토브)가 역시 일곱 차례 나와 지구의 아름다움과 견고함을 암시한다(4, 10, 12, 18, 21, 25, 31절). 고대 신앙인들의 삶의 공간 '물과 뭍'은 사람과 함께 '땅의 짐승과 가축과 온갖 생물들이 종류대로 생육하며 번성하는' 곳이었다. 궁창의 광명체가 땅과 뭍을 두루 비추고, 온갖 생물은 그곳을 자유롭게 오가며 뛰논다. 따라서 하나님은 모든 피조물이 함께 살아야 할 장소로서 '물과 뭍'을 보시기에 좋았다고 감탄하신 것이다(슥 1:11 참조).

이사야가 노래하듯 "이리가 어린 양과 함께 살며 표범이 어린 염소와 함께 누우며 송아지와 어린 사자와 살진 짐승이 함께 어린아이에게 이끌리는" (사 11:6-8) 이곳은 보고 또 보아도 아름답고 평화로우며 생명력이 넘쳐나는 공간이다. 아브라함은 이 땅을 그의 후손들에게 주신다는 약속을 듣는다. "이 모든 땅을 네 자손에게 주리니 네 자손으로 말미암아 천하 만민이 복을 받으리라."(창 26:4) 농부가 아침마다 농작물을 관찰하듯 우리가 물려받은 이 땅 지구를 '자세히 보고 오래 보면' 예쁘고 사랑스럽다. 우리는 그 곳에 발을 딛고 숨을 쉬며 산다.

시편의 찬양 | 시 33:1-9

"주의 말씀으로 하늘이 펼쳐지며 그의 입김으로 모든 별이 생겨났도다. 주가 말씀하시니 이루어졌으며 그가 명하시니 견고히 섰도다."(사역)

걷다(walking)

창세기에 의하면 세상은 하나님의 창조 선언으로 드러난다. 곧 빛과 어둠, 해와 달 등은 '있으라,' '나뉘라,' '드러나라' 등처럼 하나님의 명령으로 창조되었다. 그러나 사람은 선언이 아니라 야웨 하나님의 직접적인 생산 행위를 동반한다. 곧 '흙의 먼지'로 손수 빚으신 것이다(창 2:7). 히브리어 동사 '말하다'(אמר/아마르)는 창조자의 위엄을 강조한 표현이지 구체적인 창조 행위로 보기는 어렵다. 이른 바 '말씀의 창조'는 창세기의 서술적 방식보다 시편의 묘사가 더 분명한 어조를 띤다(시 33:6, 9).

주의 말씀(רבד)으로 하늘이 펼쳐지며 그의 입김으로 모든 별이 생겨났도다.
주가 말씀하시니(רמא) 이루어졌으며 그가 명하시니 견고히 섰도다.〈사역〉

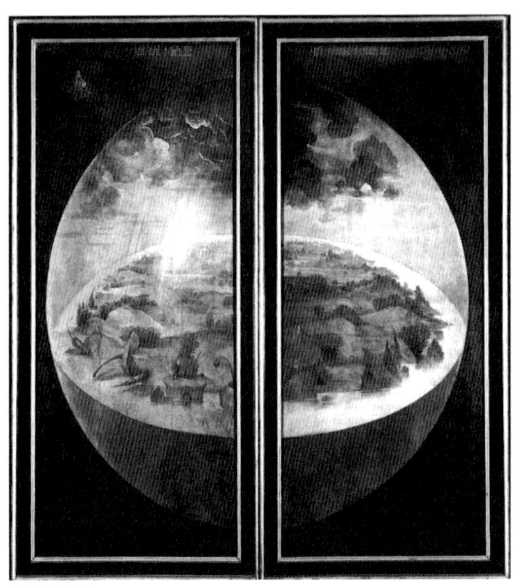

시편 33편은 '말씀'의 권위로 인한 창조를 강조한다(4, 6, 9절). 곧 창세기 1장을 연상시키는 어휘를 언급하며 세상의 기원이 하나님의 말씀에서 비롯되었다고 선포한다. 하나님의 말씀이 곧 창조의 시작인 셈이다.

본문의 그림은 보스(1450-1516)의 「쾌락의 정원」 표지다. 세 폭짜리 제단화의 날개를 접은 상태이다. 창세기 1장의 천지창조 세 번째 날 모습이다(창 1:9-13). 화가는 지구가 세상의 중심이라는 프톨레마이오스(C.E. 83-168)의 우주관에 따라 공 모양의 거대한 천체를 두 폭짜리 화폭에 담았다. 평평한 지구가 중간에 있고 주변의 바다 끝은 낭떠러지다. 중세의 세계관이 그대로 반영되었다. 보스는 좌측 모서리에 '말씀'으로 세상을 창조하시는 하나님의 모습을 포착하여 그려 넣었다. 양쪽 상단에 하나님이 세상을 어떻게 지으셨는지 알려주는 시편 33편 9절을 라틴어로 새겼다. 곧 Ipse dixit et facta sunt, ipse mandāvit et creāta sunt; 그가 말씀하시니 이루어졌으며, 그가 명령하시니 견고히 섰도다. 이른바 '하나님이 말씀으로 세상을 지으셨다'는 신학적 교리를 뒷받침하는 성서 구절을 그림으로 구현한 것이다.

한편 시편 33편은 '말씀의 창조'에서 홍해 바다의 구원 사건으로 확장시킨다. 특히 7-8절의 찬양은 '바다의 노래'로 알려진 출애굽기 15장 내용과 흡사하다(출 15:1-18). 시 33편 7절의 '깊은 물'(תהומות/트호모트)은 태초의 흑암의 '깊음'을 떠올리고(창 1:2), 또한 동시에 홍해 바다 사건의 바다 가운데 '깊은 물'과 연관된다(출 15:9). 두말할 것도 없이 '바닷물을 모아 무더기 같이 쌓으신다'는 구절 역시 기적적으로 바다를 건너는 장면을 반영한다. 시인이 4-5절에서 야웨의 말씀으로 비롯된 정직과 진실, 공의와 정의, 그리고 사랑을 노래하는 것은 말씀의 창조를 두 차례 강조하면서(6,9절), 역사적 구원(8절)과 하나님의 섭리를 알리려는 것이다(10-12절).

시편 33편의 중심은 야웨의 말씀과 사랑이다(4-9절), 그분의 말씀으로 하늘을 지으셨고, 세상 만물이 조성되었다. 야웨의 말씀은 정직하기 때문에 세상이 견고하게 설 수 있는 것이다(4, 9절). 그러니 시인은 야웨의 진실한 말씀을 토대로 야웨의 계획(10-12절), 야웨의 돌보심(13-15절), 야웨의 권능(16-19절)으로 찬양을 확대할 수 있다. 자칫 딱딱한 '말씀의 창조' 같은 신학적 교리, 곧 창조, 구원, 섭리, 등을 유려한 찬미로 풀어내고 있다(1-3, 20-22절).

고대 인류는 한 지역에 정착하여 살기까지 걷고(walking) 또 걸었다. 먹을 것을 찾아 돌아다니는 노마드의 삶이다. 식량이 있는 곳이면 어디라도 가야 했다(창 42:2). 그곳에 잠시 머물다가 양식을 찾아 또 걸어야 했다. 성서에서 유목민 시대의 흔적이 여러 곳에서 확인된다. 홍수나 기근 등으로 음식이 부족하면 사람들은 '강을 건너고 사막을 가로질러' 찾아 나설 수밖에 없다(민 35:10; 신 2:29; 32:47). 수렵 채집 시대의 생존본능이다. 아프리카에서 유럽으로 아시아로, 나중에 북 아메리카와 남 아메리키로, 또한 거대한 바다 위에 떠 있는 호주까지, 사람들은 모든 땅과 섬까지 건너며 걸었다. 어디를 가도 '견고한 하늘과 만상은' 인류에게 터전이 되었기 때문이다.

서신서 말씀 | 롬 1:18-25

"스스로 지혜 있다 하나 어리석게 되어, 썩어지지 아니하는 하나님의 영광을 썩어질 사람과 새와 짐승과 기어다니는 동물 모양의 우상으로 바꾸었느니라."

파다(digging)

바울의 날카로운 지적과 평가에는 섬뜩한 경고가 들어 있다. 그는 이방인들이 창조주를 영화롭게 하는 대신 피조물의 형상을 본떠서 짐승과 동물 모양의 우상을 만들었다며(23절) 피할 수 없는 하나님의 진노를 선포한다(18절). 바울의 경고는 창세로부터 모든 만물에 분명히 드러난 하나님의 영원한 능력과 신성에 근거한 것이다(20절). 앞에서 살핀 창세기 1장과 시편 33과 궤를 같이하고 있다. 이렇듯 하나님의 본질이 창조 과정에 드러났고 세상이 인식하였기 때문에 바울은 그분을 모른다고 변명할 수 없다고 압박한다.

그는 이방인들이 어떻게 하나님을 알면서도 놓쳤는지 날카로운 분석을 이어간다. 즉 이방인은 하나님께 영광을 돌리지 않았으며 감사하지도 않았다(21절). 그렇다고 바울은 반드시 창조 경험이 있어야 하나님을 알 수 있다고 말하지 않는다. 사람은 어리석게도 생각이 허망하고 마음이 어두워진 것이다(22절). 그러니 영원한 하나님의 영광을 썩어 없어질 우상으로 바꿔치기에 급급한 생활을 하게 되었고 마침내 불경과 불의를 드러내고 말았다(18절). 바울은 이에 대한 하나님의 절망을 세 차례 반복적으로 한탄한다.

[24]그러므로 하나님께서 그들을 마음의 정욕대로 더러움에 내버려 두사(παραδίδωμι/파라디도미) 그들의 몸을 서로 욕되게 하게 하셨으니

[26]이 때문에 하나님께서 그들을 부끄러운 욕심에 내버려 두셨으니(παραδίδωμι/파라디도미) 곧 그들의 여자들도 순리대로 쓸 것을 바꾸어 역리로 쓰며

²⁸또한 그들이 마음에 하나님 두기를 싫어하매 하나님께서 그들을 그 상실한 마음대로 내버려 두사(παραδίδωμι/파라디도미) 합당하지 못한 일을 하게 하셨으니.

어떻게 '스스로 지혜 있다'하는 이들이(22절) 어리석은 선택을 하며, 하나님의 영광 대신에 썩어 없어질 우상을 숭배하는 불경을 범하는지 답답한 심경이다.

로마서 본문에 드러난 인간의 욕망을 인류 역사에 찾는다면 '파다'(digging)에 해당한다. 구약에서 히브리어 '하파르'(חָפַר)는 물의 안전한 확보를 위해 우물을 '파다'는 뜻이다. 더 나아가 '찾다, 탐험하다' 등 중의적인 뜻을 포함한다. 신진대사를 위하여 필요한 수분이 이따금 내리는 비와 샘물로는 불충분하다. 더구나 많은 양 떼에게 필요한 물을 공급하려면 안정적인 우물을 확보해야 한다. 아브라함은 식솔과 양 떼를 위하여 우물을 팠다(창 21:30; 26:18). 나중에 음식을 찾는 것이나(욥 39:29), 미지의 세계로 떠나는 정탐, 또는 여행 등을 묘사할 때도 활용된다(신 1:22; 수 2:2-3). 그러나 인류의 욕망은 땅을 파서 물을 얻는 것으로 그치지 않는다. 사람의 탐욕은 지구의 이곳저곳을 파헤치며 각종 보석을 찾기 시작한다. 대항해 시대 이후 지구에 대한 탐험은 황금 찾기에 집중되었다. 1405년 명나라 정화(鄭和)와 1492년 스페인 콜럼버스의 항해는 본격적으로 지구 여러 곳을 개척할 수 있게 했다. 광활한 세계에 대한 호기심과 황금에 대한 열망은 당시 세계관, 곧 바다 끝

낭떠러지에 대한 두려움까지 떨쳐냈다. 이른바 '둥근 지구'를 확인한 인류에게 이 땅은 더 이상 경외의 대상이 아니라 탐욕과 욕망의 실현 공간이었다.

계몽시대를 맞으면서 경험과 과학을 중히 여긴 인류는 자연, 곧 지구를 더 이상 신적 대상(mother nature)으로 보지 않았다. 더구나 산업혁명은 지구를 인류의 터전이 아니라 기계의 작동을 위한 기름 저장고나 건축물 자재를 보관하는 자원의 창고 정도로 인식하게 하였다. 이와 같은 개발 시대의 폐해는 상상 이상의 끔찍한 결과를 불러왔다. 최근 120년 동안 지구 자전축 이동 분석은 섬찟하다. 양극 지방의 얼음이 녹아내린 데다가 엄청난 양의 지하수 과용으로 지구의 자전축이 기울어진 것으로 나타났다.(서기원. "인류의 지하수 남용으로 기울어지는 자전축.") 즉 지구를 마구잡이로 파헤친 결과는 자원 고갈과 지구온난화에 대하여 경각심이다.

땅을 파는 일 못지않게 나무를 베는 것 또한 지구를 괴롭히는 것이다. 지구의 허파로 불리던 아마존이 벌목으로 심각한 몸살을 앓고 있다. 지금까지 지구의 변천사를 다음 세 한자어로 조망할 수 있다. 森-林-木. 근대 이전 지구는 나무가 우거진 숲[森]이었으나, 개발 시대를 맞아 나무 개체가 현저히 줄어들었다[林]. 최근 지구의 황폐화는 한 그루만 덩그러니 서 있는 형국[木]이다. 21세기 들어 인류는 전례 없이 땅을 파고 나무를 베어 탐욕의 탑을 쌓고 썩어질 우상을 세운다. 하나님이 창조하실 때 지구는 '풀과 씨 맺는 채소와 열매 맺는 나무'가 울창하였다(창 1:11-12).

그러나 사람은 무성한 숲에서 '아름다운 나무를 베어' 무익한 우상을 만들었다(사 44:14; 왕하 19:23). 머잖아 지구 위에는 그루터기만 남고 풀 한 포기 나무 한 그루조차 보기 힘들지도 모른다(사 6:13). '주의 오른손으로 심으신' 나무가 잘려 고통받고 신음을 내고 있다(시 80:15, 사 28:25).

복음서 말씀 | 요 1:1-14

"그 안에 생명이 있었으니 이 생명은 사람들의 빛이라. 참 빛 곧 세상에 와서 각 사람에게 비추는 빛이 있었나니… 말씀이 육신이 되어 우리 가운데 거하시매, 우리가 그의 영광을 보니 아버지의 독생자의 영광이요 은혜와 진리가 충만하더라."

안다(hugging)

요한복음 1장은 태초부터 말씀과 함께 계시고 만물이 그와 함께 창조되어 생명이 함께 있었다고 고백한다. '태초에 말씀이 계셨다'는 요한의 선언은 창세기의 서두를 떠올리게 한다. 동시에 요한복음이 얼마나 유대 전통을 충실하게 따르는지 알 수 있다. 그런가 하면 14절의 "말씀이 육신이 되어 우리 가운데 거하신다(Ἐσκήνωσεν/에스케노센)"는 역시 유대 전통의 세키나(שְׁכִינָה) 신학과 긴밀하게 맞물린 묘사다. 요한은 구약의 창조 신학을 그리스 철학으로 풀어내고 있다.

'머물다, 거주하다'로 번역된 그리스어 스케노우(σκηνόω)는 히브리어

샤칸(שָׁכַן)의 음역에 가깝다. 본래 '텐트를 치다'를 뜻한다(출 25:8). 샤칸에서 성막(מִשְׁכָּן/미쉬칸)이 비롯되었으며, 나중에 셰키나(שְׁכִינָה) 신학에서는 신의 현존을 가리키는 용어로 활용된다. 즉 하나님이 성막에 거주하듯 그분의 선택한 백성과 함께하신다는 신학이며 창조 신학과 함께 요한복음이 전하는 로고스, 말씀의 신학과도 연관된다. 랍비 문헌에서 셰키나 신학은 '신의 현존'을 뜻하지만 본디 하나님이 그의 거처에 그의 백성과 함께 머물다는 의미로 볼 수 있다. 아래는 유대교 교훈과 탈무드에서 비슷한 용례를 확인할 수 있다.

> 토라를 공부하면 셰키나는 그곳에 계신다(Pirkei Avot 3:6).
> 열 사람이 기도하면 거기에 셰키나가 함께한다(Talmud Sanhedrin 39a).
> 셰키나는 병자의 침대 머리맡에 머문다(Talmud Shabbat 12b).

셰키나는 지성소라는 거룩한 공간을 지키는 위엄한 모습의 하나님이 아니다. 위에서 살펴본 그리스어 σκηνόω(스케노)는 충분하지 않다. 토라를 연구하고, 기도하고, 아픈 그의 백성과 함께한다는 사실이 중요하다. 일방적인 행위가 아니라 양쪽이 함께 교감하는 태도와 반응이다. 영어 동사 dance, embrace, clap, hug 등과 같은 '양행 동사'로 표현해야만 정확한 의미를 전달할 수 있다. 그것이 곧 "말씀이 우리 안에 거하신다(ἐσκήνωσεν/에스케노센)"의 올바른 이해다.

히브리어 히베크(חָבַק)는 요한복음 1장의 '말씀이 육신이 되어 우리 가운데 거하시매'에 반영되었다. 문자적으로는 '껴안다, 걸쇠를 걸다'를 뜻하는데 양쪽의 동작과 반응을 전제한다(창 29:13; 33:4; 48:10). 태초에 만물이 말씀으로 말미암아 창조되었고 그 안에 생명이 있었다. 따라서 '우리 안에 육신이 되어 머무시다'는 것은 하나님이 사람과 지구와 그 안의 모든 생명을 껴안고 자물쇠를 채우듯 양쪽으로 맞물린다는 뜻이다! 태초에 말씀으로 계셨던 분이 육신으로 우리 가운데 거하신 이유는 분명하다. 그것은 말씀으로 오신 이를 영접하고 믿게 하려는 것이다. 즉 양자가 맞잡고 함께 반응하는 '양행'이다.

지구가 함께 살아야 할 사람에 의해 시달리고 상처받고 신음하고 있다. 성서는 인류가 지구에 살고 있다고 해서 인간의 거처, 또는 소유가 아니라고 주장한다. 잠시 지나는 나그네요, 임시 거주자일 뿐이다(레 25:23). 후손과 후손의 후손들이 살아갈 터전이다. 그리스도 예수를 믿고 영원한 생명을 얻었을지라도 우리의 삶은 지금 여기다. 우리가 사는 동안 정기적으로 치과에 가서 이를 관리하고, 미용실에서 머리를 다듬듯 발을 딛고 있는 이 땅을 돌보고 관리해야 한다, 자연과 지구는 탐욕의 대상이 아니라 함께 살아갈 동반자다. 지금은 신음하는 지구를 '안아야'(hugging) 할 때다. 어디선가 지금도 지구를 파헤치고 베어낸다. 황폐해질 대로 황폐해진 지구의 상태다. 게다가 지구는 지금 중심마저 잃고 휘청거리고 있지 않은가!

미국 교과서에 실린 라코타 족의 추장 옐로 라크의 기도문은 창조절에 함께 읽어도 좋은 글이다.

위대한 정령이시여

바람 속에서 당신의 목소리를 듣습니다.

당신의 숨결은 세상 모두에게 생명을 줍니다.

…

내게는 당신의 힘과 지혜가 필요합니다.

나에게 아름답게 걸을 수 있게 하시고

내 두 눈이 오래도록 저녁노을을 지켜볼 수 있게 하소서.

당신이 만든 물건들을 내 손이 존중하게 하시고

내 귀가 당신의 목소리를 들을 수 있게 하소서.

…

당신이 모든 나뭇잎, 모든 돌 틈에 감춰 둔 삶의 교훈을 나 또한 알
게 하소서.

나 자신이 삶 속에서 언제나 깨끗한 손, 똑바른 눈을 갖도록 도와주소서.

그리하여 저녁노을처럼 내 삶이 스러질 때

내 영이 한 점 부끄러움 없이 당신에게 다가갈 수 있도록.

– 노란 종달새 (라코타 족 추장, 1889)

자원 고갈, 이상 기후 등은 칼 세이건의 '창백한 푸른 점,' 지구의 소
멸에 대한 염려로 이어진다. 옐로 라크의 기도문처럼 '바람과 나뭇잎과
돌틈'에서 지구의 소리를 듣고 삶의 교훈을 깨달으라는 절실한 호소를
일깨워야 한다.

최초 인류는 아름답고 풍요로운 지구를 보고(seeing) 감탄하였다. 그러나 결핍을 느낀 사람들은 식량을 찾아 지구를 걷고(walking) 또 걸었다. 온 세상에 그들의 발자국이 새겨졌다. 유목민처럼 떠돌아다니는 것으로 충족되지 않았다. 처음에 기르던 양무리를 위해 땅을 파던(digging) 인류는 점차 삶의 터전 지구를 개발하고 착취하기 시작하였다. 무분별한 개발과 자원 채취는 지구의 중심이 흔들릴 정도에 이르렀다. 인류와 모든 생명의 요람이던 지구가 만신창이가 되어 고통에 신음한다. 비유컨대 지구에 남아 있는 한 그루 나무(木)의 마지막 잎새마저 떨어진다면 예수가 짊어진 십자가(十)의 형틀이 될 것이다. 이제 지구를 안아야(hugging) 한다. 상처를 보살피며 아픈 지구를 치유할 때다. 나무를 살려야 지구가 살고 지구가 살아야 사람과 생명이 산다.

바울은 하나님의 영원한 능력과 신성이 보이지 않지만, 몸소 '지으신 만물'(ποίημα)에 드러났다고 말한다. 하지만 그동안 인류는 보이는 것만 보고 '보이지 않는 능력과 신성'을 무시하거나 함부로 대하였다. 그 결과 현재와 같은 지구의 위기를 맞은 것이다. '더 늦기 전에' 파괴된 지구와 어지럽혀진 생태계를 창조의 시점으로 돌이켜야 한다. 이제라도 '폭풍우와 강은 내 형제들이며, 왜가리와 수달은 내 친구들이다. 우리는 끝없이 이어지는 동그라미처럼 서로서로 연결되어 있다'는 포카혼타스의 노래를 모든 인류가 한목소리로 부른다면 아름다운 창조 세계를 회복할 수 있을 것이다. 시인 서재경을 인용한다. 《슬픔이 슬픔에게》, 207

그래, 너는/ 생명의 품이다. 고향이다. 그리운/ 사람이다.

사랑이다. 너는/ 불이다./ 물이다./ 흙이다.

김창주 교수(한신대학교)

하늘은 말하고 있다

예레미야 4:23–28, 시편 19:1–6, 빌립보서 2:5–15, 마가복음 1:9–13

구약의 말씀 | 렘 4:23–28

"보라 내가 땅을 본즉 혼돈하고 공허하며, 하늘에는 빛이 없으며"

예레미야 2장 이후로 유다의 회개를 촉구하는 예언자는 4장에 들어와서 임박한 침략과 환난을 경고하고, 이 비극을 피할 수 없는 유다를 향해 탄식을 높인다. 하나님은 북쪽에서 쳐들어오는 적을 통하여 유다의 악행을 심판하신다(4:14, 18, 22). 침략한 제국에게 계속 패하여 땅은 황무지로 변하고 성읍은 폐허가 되는 멸망과 재난의 상황(4:6–7)에서 예언자는 '창자가 뒤틀리는 아픔과 슬픔의 탄식'(4:19–22)만 하고 있을 뿐이다.

이러한 예언자의 탄식은 4:23부터 하늘과 땅 그리고 피조물의 탄식으로 확산한다. 4:23-26에서 각 절은 "내가 보았다"라는 표현과 함께 탄식의 감탄사 "힌네"를 반복 사용함으로 독립적 단락을 이룬다. 한글 성경은 탄식의 감탄사를 적극적으로 해석하지 않지만, 영어 성경(RSV, NRSV, NAS 등)은 이를 'lo(아하!)' 혹은 'behold(보라!)'로 번역한다. 연속된 탄식의 감탄사는 악행을 돌이키지 못하는 이스라엘의 불신앙, 전쟁 앞에 무기력한 이스라엘, 황폐해진 창조 세계의 비극과 슬픔을 강조한다. 특히 4:23에서 예언자는 침략과 파괴로 인해 위기에 빠진 땅과 하늘을 바라보며, "내가 땅을 보았다. 아하! 혼돈하고 공허하다. 그리고 내가 하늘을 보았다. 어떤 빛도 없다!"라고 탄식한다. 이와 같은 방법으로 예레미야는 '흔들리고 요동치는 산과 언덕(4:24), 사람과 새가 사라져 버린 세상(4:25), 생명의 성장과 순환이 멈춰버린 파괴된 땅과 무너진 문명의 성읍(4:26)'을 탄식한다. 이것은 예레미야의 탄식이기도 하지만, 예레미야의 탄식을 빌어 위기에 빠진 땅과 하늘, 산과 언덕, 새와 사람의 애통함을 반영한 것이기도 하다.

하나님은 4:27-28에서 예언자의 입을 통해 "온 땅을 황폐하게"(4:27) 하기로 "작정하시고" 이를 "후회하지 않고" 마음을 "돌이키지도 않겠다"(4:28)라고 선포하면서, 악한 유다에 대한 강한 심판 의지를 보여주신다. 그리고 하나님의 진노가 일어날 때 "땅이 슬퍼(아발)하고, 하늘은 어두울 것(카다르)"이라고 하셨다(4:28). 여기서 하늘의 "어두움"에 관한 히브리어 "카다르"는 애통을 표현하기 위하여 어둡고 흐트러진 복장을 착용하는 것을 의미한다 (참고, 렘 8:21). 따라서 "하늘의 어두움"은 바로 앞 "땅의 슬픔"과 쌍을 이루어, 하나님의 진노가 일어날 때 땅이 슬퍼하고 '하늘은 애통해' 한다는 것을 의미한다. 하나님의 진노에 반응하는 땅과 하늘의 슬픔과 애통은 4:23-26의 예레미야의 탄식보다 앞선 것으로, 예레미야의 탄식은 하나님의 진노에 먼저 애통해하는 땅과 하늘, 창조 세계와 동감하고 있음을 보여준다.

나아가, '땅과 하늘의 애통'한 감정은 하나님이 이스라엘 백성을 불쌍하게 생각하는 연민의 마음을 반영한 것이다. 하나님은 이스라엘을 벌하기로 마음먹었고, 그 마음에 후회와 돌이킴은 없다. 하지만 하나님은 이스라엘을 완전히 멸망하지 않겠다고 또한 약속하며(4:27) 그들의 삶의 가능성을 남겨주신다. 즉 하나님의 진노는 악으로부터 돌아서지 않는 유다를 향한 분노를 표현하지만, 그들의 생명을 불쌍히 여기며 슬퍼하고 그들의 삶의 가능성을 연민하는 복합적인 감정을 포함하고 있다. 그렇다면 4:28의 '땅과 하늘의 슬픔과 애통'은 진노하시는 하나님 안에 있는 유다를 향한 슬픔과 연민을 반영하는 감정일 수 있다.

결론적으로 '애통과 탄식'은 하나님과 하늘과 땅의 창조 세계 그리고 예레미야를 연결하는 통로가 된다. 본문은 애통하고 탄식하는 감정이 땅과 하늘의 창조 세계에도 있음을 인정한다. 감정을 가진 하늘과 땅은 하나님과 소통하는 주체이고 사람과 관계하는 독립체다. 따라서 하나님과 땅/하늘, 사람은 감정적으로 연결된 존재들이다. 연결된 이들의 감정은 고립되지 않고 서로에게 반응하고 반영된다. 탄식과 애통을 통하여 하나님의 슬픔은 창조 세계와 예레미야의 감정으로 공유된다. 반대로 예레미아의 탄식도 하늘/땅과 하나님의 탄식으로 변화한다. 감정의 소통을 일으키는 '애통과 탄식'으로 하나님과 창조세계 그리고 예레미야 모두는 삶의 역사와 이야기를 공유할 수 있고, 그래서 그들의 관계는 다시 가까워질 수 있다. 따라서 황폐해진 땅과 빛을 잃은 하늘의 탄식을 듣는 사람은 함께 애통과 탄식해야 할 것이다. 애통하지 않고 탄식하지 않는 곳에 하나님의 탄식과 애통은 들리지 않는다. 역으로 애통과 탄식이 공감되는 곳에서 삶은 새롭게 살아갈 수 있는 길을 찾게 될 것이다.

시편의 찬양 | 시 19:1-6

"하늘이 하나님의 영광을 선포하고 궁창이 그의 손으로 하신 일을 나타내는도다. 날은 날에게 말하고 밤은 밤에게 지식을 전하니, 언어도 없고 말씀도 없으며 들리는 소리도 없으나 그의 소리가 온 땅에 통하고 그의 말씀이 세상 끝까지 이르도다."

시편 19편은 하나님의 계시가 드러나는 두 가지 방식을 통하여 하나님을 찬양한다. 19:1-6은 하나님의 창조 세계, 특히 천체 구조를 통하여 선포되는 하나님의 영광과 능력을 찬송한다. 19:7-14는 하나님의 완전하고 정직하며 진실한 교훈이 토라를 통하여 드러나고 있음을 선포한다. 신학적으로 19:1-6은 자연 계시를 19:7-14는 말씀을 통한 계시를 강조하고, 각각 다른 신의 이름(19:1-6은 엘, 19:7-14는 야훼)을 사용하는 것을 볼 때 19:1-6은 19:7-14와 다른 문학적 배경과 기원을 두고 있다. 19:1-6은 창조세계를 19:7-14는 토라를 주된 관심사로 언급하지만, 시편 기자는 이들이 공통으로 '하나님의 영광과 뜻에 접근하는 통로'를 보여주고 있다는 점에서 이 두 시를 결합하였을 것이다. 따라서 시편 19편은 하나님을 선포하는 창조 세계의 언어 활동과 토라의 계시 활동에 관심을 둔다. 이 과정에서 흥미로운 점은, 시편 기자는 하나님이 창조한 세계를 '생명화'하여 하나님을 선포하는 천체의 목소리를 적극적으로 들려주고 있다.

19:1-6에서 시편 기자는 하나님의 창조 업적 중 하늘과 해 등 천체에 집중한다. 19:1-4a는 '하늘'을, 19:4b-6은 '해'를 주요한 시의 소재로 삼는다. 여기서 시가 노래하는 초점은 피조물 자체보다는 피조물이 하는 '언어 행위'에 있다. 실제로 시편의 독자는 1-4a 안에서 언어 행위와 관련된 다수의 단어를 확인할 수 있다. "선포하다(1), 나타내다(1), 말하다(2), 전하다(2), 들리다(3), 말(2, 3), 지식(2), 언어(3), 소리(3)." 이러한 언어 행위의 표현을 이용하여 시편 기자는 하늘, 궁창, 낮, 밤, 해가 하나님을 증언하고 선포하는 독자적인 목소리를 가진 주체임을 인정한다.

하늘은 하나님이 계시는 곳이다. 그러므로 하나님의 영광을 선포하는 주체는 하늘이다. 하나님의 손으로 만드신 해와 달과 별을 품고 있는 궁창은 하나님의 손이 가진 창조의 능력을 알려 주는 것에 적합하다 (1). 그리고 19:2에서 "날(낮)은 날에게 말하고, 밤은 밤에게 지식을 전한다"라고 시편 기자는 노래한다. 하늘이 하나님을 선포하는 것처럼, 하나님이 창조하신 낮과 밤의 시스템도 그 자체로 하나님을 증언하는 목소리를 내고 있다. 그러나 시편 기자는 19:3에서 낮과 밤의 언어 행위는 "언어도 없고, 말씀도 없고, 들리는 소리도 없다"라고 밝히면서, 하늘의 시스템이 전하는 언어는 인간의 것과 다르다는 사실을 이해한다. 인간의 관점에서 천체가 전하는 이야기는 분명 보이지 않고, 들리지 않는다. 그러나 시편 기자는 보이지 않고 들리지 않는다고 그들의 언어와 목소리의 존재를 부정하지 않는다. 보이지 않고 들리지 않아도 하나님을 향하여 독자적으로 울려 나는 그들의 목소리를 인정하며, "그 소리가 온 땅에 통하고 그 말씀이 세상 끝까지 닿을 수 있다"(19:4a)라는 사실을 확실히 긍정한다.

시편 기자는 19:4b-6에서 고대 근동 세계에서 최고의 신으로 인정받는 태양을 하나님에 의하여 창조된 피조물로 인식하며, 해는 단독으로 움직이지 않고 하나님이 정한 범위를 운행한다고 노래하고 있다. 그리고 하나님이 정한 범위를 운행하는 해가 '기뻐하고 즐거워한다'라고 하면서 해와 공감하는 시편 기자의 감상을 나타낸다. 마치 하늘의 장막을 움직이는 해의 활동에서 들리지 않는 해의 언어와 감정을 느낀 것처럼 표현한다. 즉 시편 기자는 들리지 않는 하늘의 언어를 부정하지 않고 천체의 움직임 속에서 그 목소리와 감정을 느낄 수 있다는 가능성을 보여주고 있다.

하늘의 목소리를 인정하는 시편 기자의 관점은 인간만이 하나님을 경험하고 증언하는 것이 아니라 창조 세계도 인간과 상관없이 하나님을 경험하고 증언하는 존재라는 것을 설명한다. 하나님의 구원은 인간 외 다른 피조물에도 독립적으로 관여하고 있다. 하늘을 포함한 창조 세계는 그들만의 하나님에 관한 서사를 가지고 있다. 그러므로 하늘의 움직임은 목소리가 되어 하나님에 의해 창조되고 그와 관계하는 하늘의 정체성을 설명한다. 이것을 확대하면 모든 피조물은 자기들의 목소리를 가지고 하나님과 그의 구원을 증언한다. 그들의 움직임과 소리는 하나님의 존재를 선포하고, 그들의 증언은 시간과 공간을 넘어 전달된다. 따라서 인간의 선포 행위와 상관없이 하나님의 살아계심은 창조 세계 안에서 전달되고 전해진다. 그러므로 우리는 피조물을 통하여 이 창조 세계 안에 존재하는 하나님을 발견할 수 있다.

인간과 다르고 들리지 않는 하늘의 목소리를 부정하지 않는 시편 기자의 태도는 하나님이 창조한 세계를 인간 중심으로 보지 않고, 모든 피조물을 인간과 동등하게 인식하는 창조신학을 제시한다. 주지하는 것처럼 기후 위기를 극복하기 위한 중요한 신학적 관점은 인간중심주의를 극복하는 것이다. 인간 중심의 사고는 다른 피조물을 인간 번영을 위한 소비의 대상으로 전락시킨다. 그러나 인간과 독립적으로 존재하는 천체의 목소리를 인정하는 시편 기자의 태도는 하나님 앞에 인간과 동등한 하늘과 다른 피조물의 가치를 수긍한다. 그리하여 해가 하늘의 장막 안에서 조화를 이루며 기뻐하듯이, 인간은 하나님이 창조한 다른 피조물들과 함께 공존할 때 기뻐할 수 있음을 깨닫는다.

"하늘에 있는 자들과 땅에 있는 자들과 땅 아래에 있는 자들로 모든 무릎을 예수의 이름에 꿇게 하시고."

빌 2:5-15는 초대교회 찬송시인, 소위 '그리스도 찬가'(5-11)를 포함하고 있다. 이 시에서 초대교회가 하나님의 본체를 버리고 인간으로 오신 예수의 죽음을 '자기 비움과 순종'으로 이해하고, 부활과 승천을 '주' 되신 예수가 창조 세계의 통치를 위하여 등극하는 것으로 해석하는 기독론을 살필 수 있다. 특히 빌립보서의 바울은 예수 그리스도의 죽음을 교회가 따라야 할 순종의 모범으로 제시하고, 이 순종을 통하여 이룩되는 '새로운 세계질서'를 선포한다.

바울의 편지에서 일반적으로 '하늘'은 세계의 심판과 종말이 시작되는 공간이다. 하늘은 '진리를 가로막는 사람과 그들의 불의함을 겨냥한 하나님의 진노'가 나타나는 곳이다(롬 1:18). 그리하여 세상을 심판하고 새로운 질서를 시작하는 주님이 '하나님의 나팔 소리와 함께 하늘로부터 내려'오신다(살전 4:16). '땅은 흙으로 만들어진 사람이 태어난 곳'이지만, 하늘은 그리스도의 재림 이후 '새로운 두 번째 사람이 태어나는' 공간이다. 이곳에서 '두 번째 사람은 하늘에 속한 이의 형상'을 닮는다(고전 15:47, 49). 바울에게 하늘은 그리스도 예수를 통하여 세상의 모든 불의와 불경건의 종말이 선포되고, 새로운 질서가 시작되는 곳이다.

빌 2:5-15에서 '하늘'(2:10)은 한 차례 나온다. 이 '하늘'은 종말론적 이해보다 '하늘과 땅 그리고 땅 아래 있는' 모든 피조물이 살아가는 공간으로서 창조신학의 관점을 보여준다. 본문의 '하늘'에서 바울의 종말적 이해를 직접 찾을 수 없다. 그러나 그리스도 찬가가 예수의 태어남과 죽음 그리고 부활을 통하여 예수 그리스도의 최후 등극과 통치를 노래할 때, 하늘에서 시작하여 땅을 거쳐 다시 하늘로 향하는 동선을 이미지로 차용하고 있음을 부정할 수 없다. 다르게 설명하면, 빌립보서 2장의 그리스도 찬가는 하늘에서 땅 그리고 다시 하늘을 향하는 그리스도의 동선을 통하여 새로운 세상과 질서를 완성하는 종말적 시각을 보여주고 있다. 그런 의미에서 하늘은 세상을 창조하신 하나님의 본체가 있는 곳이며, 죽음을 통한 순종으로 예수가 다시 돌아가 '지극히 높고 뛰어난' 이름으로 세상 모든 만물의 통치를 이루고 새로운 질서를 완성하는 곳이라 할 수 있다.

예수의 하늘과 땅을 아우르는 동선을 따라, 바울은 예수 그리스도의 십자가 죽음을 새로운 세계질서를 완성하는 길로 제시한다. 사실 십자가는 반란자, 악랄한 범죄자, 노예에게 내려지는 로마 제국의 가장 처참하고 수치스러운 형벌이다. 그러나 찬송시는 모욕적인 죽음의 형벌을 통하여 예수는 자신을 낮추어 하나님에게 순종하는 최고의 충성과 복종을 보여주었다고 찬양한다. 하나님은 그런 예수를 모든 피조물을 통치하는 자리에 올리셨다고 선포한다. 초대교회와 바울은 노예와 같이 낮아지고 가장 수치스러운 십자가에서 죽은 예수를 "지극히 높은 이름"(2:10)을 가지고 "모든 것의 무릎을 꿇게 하는 주와 그리스도"(2:11)

로 고백한다. 이러한 고백은 1세기 세상을 지배하는 로마 제국과 황제의 통치를 교회가 거부하는 선언이며, 동시에 세상의 명예와 권력을 유지하는 가치 체계를 전복하는 것이다. 나아가 '하늘과 땅 그리고 땅 아래'에서 로마 제국으로부터 억압받는 모든 피조물의 해방을 선포하고 하나님의 창조 질서로 그들을 새롭게 편입하는 것이다.

바울은 빌립보 교회가 이러한 예수의 순종을 따라 그리스도의 '구원을 이루어 가라'고 권면한다(2:12). 순종을 말하는 헬라어 '휩아쿠오'(ὑπακούω)는 문자적으로 '귀담아듣는' 것을 의미한다. 예수가 하나님의 뜻을 듣는 것처럼 빌립보 교회는 로마의 질서가 아닌 그리스도 예수를 따라 하나님의 뜻을, 그의 질서를 귀담아들어야 한다. 하나님의 뜻을 들을 때 빌립보 교회는 더 이상 제국의 통치를 받는 '하찮은' 사람이 아닌 하나님과 연대하는 자기들의 가치를 발견할 수 있다. 폭력으로 이룩된 로마 제국은 모든 것을 황제의 발아래 굴복시키고 제국의 모든 인적, 자연의 자원을 독점적으로 소비한다. 제국의 질서에서 모든 피조물은 제국의 권력과 명예를 위하여 소비되고 사라질 뿐이다. 그러나 그리스도가 순종으로 이룬 질서에서 모든 피조물은 소비되고 사라지는 대상이 아니다. 하나님은 피조물 "안에서" 활동하시고, 빌립보 교회는 '하나님의 기쁜 뜻을 실천'하는 가치 있는 존재로 인정된다(2:13). 하나님은 자기가 창조한 피조물과 더불어 하나님의 질서를 만들어가신다. 순종으로 빌립보 교회는 하나님과 함께 연합하는 그들을 발견할 수 있다. 그리스도가 순종으로 이룬 새로운 질서는 궁극적으로 빌립보 교회를 포함한 세상의 모든 피조물이 가진 흠이 없는 생명의 가치를 인정한다. 그리고 그들을 하늘의 별과 같이 빛나게 한다.

"하늘로부터 소리가 나기를 너는 내 사랑하는 아들이라. 내가 너를 기뻐하노라 하시니라."

막 1:9–11은 예수가 1:14–15 이후로 시작하는 하나님 나라 운동을 위한 그의 신적 정체성과 정당성을 부여하는 이야기다. 1:14–15에서 하나님의 아들로서 예수는 '다가온 하나님 나라와 회개 그리고 복음에 대한 믿음'을 선포하고, 그의 제자들을 모은다(1:16–20). '즉시' 그의 사역은 유대 율법학자와 구별되는 권위와 능력을 나타내고 갈릴리와 유대 사회에 적지 않은 충격을 일으킨다(1:21–28). 그런데 본문(1:9–11)은 예수가 갈릴리와 유대의 인간 사회에서 활동하기 이전에, 이미 창조 세계와 '사랑받는 하나님의 아들'(1:11)로서 그의 정체성을 공유하였음을 이야기한다.

9절에서 예수는 세례 요한에게 세례를 받기 위하여 갈릴리 나사렛에서 요단강으로 온다. 예수가 요단강에서 요한에게 세례를 받고 물에서 올라올 때 "하늘이 갈라지고(찢어지고, σχίζω/스키조) 성령이 비둘기 같이 내려오며,"(1:10) "너는 내 사랑하는 아들이다 내가 너를 기뻐한다"(1:11) 라는 소리가 울려 퍼진다. 사실 이 세례가 실행되는 곳에 '유대와 예루살렘으로부터 요한에게 세례받기 위하여 온 많은 사람'(1:5)이 있었을 것이다. 그러나 마가복음 저자는 예수의 세례식에 요한 외 어떤 사람의 흔적도 그리지 않는다. 또한 '예수가 요한에게 세례를 받았다'라고 간단히 언급하여 이야기에서 요한의 움직임도 최소화한다. 따라서 마가복음 서사에서 예수가 세례를 받고 올라올 때 하늘이 찢어지며 울리는 소리는 오직 예수와 마가복음을 읽는 독자에게만 들리는 소리가 된다. 즉 마가복음에서 예수의 세례(1:9) 이후 예수가 "하나님의 복음"을 선포(1:14)할 때까지의 이야기 공간에서 사람의 흔적은 사라진 것이다.

인간의 인식과 행동이 사라진 이 공간을 대신 채우며 예수를 이야기하는 것들은 물, 바람, 하늘이다. 예수는 요단강 물에 잠긴다. 사람이 사라진 곳에서, 죄 된 세상을 새롭게 하는 예수는 '물'로부터 "올라와"(1:10) 세상에 출현한다. '하늘'은 스스로 경계를 허물어 예수를 세상에 드러내는 것인 듯 자기 몸을 "찢어" 반응한다(1:10). 찢어진 하늘의 틈 사이로 "바람(성령, 요한 3:8 참고)은 비둘기같이"(1:10) 흘러나와 물에서 올라오는 예수를 마중한다. 그리고 하늘은 그 순간 찢어진 자기의 몸으로 소리를 내며 하나님의 아들 예수를 '사랑과 기쁨'(1:11)으로 환대한다. 하나님의 아들 예수의 출현을 위한 '물과 바람과 하늘의 움직임과 소리'는 이것들이 예수의 등장을 위한 단순한 배경 이상임을 보여준다. 마가복음은 인간에 앞서 예수를 확인하고 증언하는 능동적인 주체로서 물, 바람, 하늘의 역할을 강조한다. 이들과 어울리는 예수는 인간뿐 아니라, 창조 세계 전체를 아우르는 '하나님의 아들'이라는 것이 선포된다.

교회는 신학적으로 삼위일체로서 하나님의 정체성과 삼위의 협력을 설명할 때 막 1:9-11의 이야기를 내세운다 (William C. Placher, 《Mark》, 24-26). 하늘은 하나님을, 바람은 성령을 상징하고, 하늘과 바람은 예수의 신적 정체성을 증언하는 하나님의 목소리와 성령의 움직임을 대신한다. 즉 인간 사회에서 사역 이전에 선재한 예수의 하나님과 성령과의 관계를 설명할 때, 이들 삼위의 관계를 인간이 목격할 수 없기에, 마가는 1:9-11의 하늘, 물, 바람의 활동으로 삼위의 관계를 증명하고 증언하는 목소리로 이용하고 있다. 이것은 마가복음 기자가 예수의 정체성과 그의 구원 사역을 인간을 넘어 전체 창조 세계의 범주에서 이해하고 있음을 엿보게 한다.

실제로 본문 바로 다음 1:12-13에서 예수는 성령의 인도로 문명과 차단된 불모의 땅, 광야로 나아가게 되고, 이곳에서 동물들과 함께 천사들의 도움을 힘입어 40일 동안 하나님을 반대하는 "사탄"과 대항한다. 40일간 사탄과의 대결을 자세히 기술하는 마태나 누가와 달리, 마가는 이를 간략하게 보고하고 오히려 마태와 누가에 없는 '들짐승과 천사들과의 함께 협력'하는 예수를 이야기한다. 마가복음은 인간이 인식할 수 있는 역사의 범주 밖 창조 세계에서도 예수의 구원 사역이 이미 일어나고 있음을 증언한다. 인간에게 보이지 않고 인식되지 않을 수 있지만, 창조 세계의 물, 바람, 하늘, 광야, 들짐승은 이미 그들 안에 들어와 계시는 예수의 구원을 증언하고 있음을 마가는 이야기하고 있다.

이서영 교수(한신대학교)

흙, 땅, 밭: 온 생명의 바탕

창세기 3:14-19, 4:8-16, 시편 139:7-12, 로마서 5:12-17, 마태복음 12:38-42

구약의 말씀 | 창 3:14-19, 4:8-16

"주 하나님이 뱀에게 말씀하셨다. 네가 이런 일을 저질렀으니, 모든 집짐 승과 들짐승 가운데서 네가 저주를 받아, 사는 동안 평생토록 배로 기어 다니고, 흙을 먹어야 할 것이다... 주님께서 말씀하셨다. '네가 무슨 일을 저질렀느냐? 너의 아우의 피가 땅에서 나에게 울부짖는다. 이제 네가 땅에서 저주를 받을 것이다. 땅이 그 입을 벌려서, 너의 아우의 피를 너의 손에서 받아 마셨다.'"(새번역)

우리는 하나님의 형상대로 창조된 존귀한 생명이다. 우리는 하나님 의 창조를 지금 여기서 계속해야 하는 생명 살림의 사명을 받은 청지기이다. 모든 생명과 인간이 정당한 생명권을 누리며 살 수 있는 환경을 만드는 하나님의 행위가 우리를 통하여 오늘도 계속되고 있다. 인간의 욕심으로 노동이 소외되고, 쉼이 보장되지 않고, 생명의 파괴가 날마다 일어나기 때문이다. 과거의 창조는 자연이 신이 아니라, 하나님만이 자연의 주인이심을 고백하는 것이다. 현재의 창조는 하나님이 나의 생명의 창조자이시며 내가 처한 삶의 현장인 역사의 주체이심을 고백하는 것이다.

이러한 하나님의 창조 행위는 과거에 일회적으로 끝난 것이 아니라 지금도 계속된다. 하나님의 사람들이 하나님의 일을 하는 것은 하나님의 창조 행위를 계속하는 것이다. 우리가 믿는 하나님은 세상을 만들어 놓고 팔짱 끼고 구경하는 하나님이 아니라, 지금도 여전히 우리의 행동을 통하여 새 하늘 새 땅을 만들고 계시는 분이시다. 하나님의 창조와 구원, 창조 신앙과 해방은 태초부터 지금까지 그 목적이 서로 같다. 미래의 창조는 현재의 역사가 끝나는 날, 하나님의 영원한 통치가 시작되는 날, 새 하늘과 새 땅이 창조될 것을 믿는 것이다.

환경오염이나 자연 훼손은 하나님의 창조 행위를 방해하는 것이며 하나님과 맞서고자 하는 하나님에 대한 반역이다. 성서의 창조 이야기는 자연을 배제한 채 인간의 구원을 말하는 것을 거부한다. 이제는 하나님-자연-인간의 삼자의 관계 속에서 하나님의 구원을 보아야 한다. 자연이 훼손되고 오염된 상태에서는 인간의 구원이 성립될 수 없다. 창조 신앙에 나타난 구원은 인간의 삶의 터전인 자연까지도 포함되는 우주적인 창조와 구원이다. 따라서 창조 이야기는 구원의 완성을 위해, 평화의 실현을 위해, 세계 내의 창조세계 보전을 위해, 우리를 선한 청지기로 부르시는 하나님의 살아 있는 음성이다.

하나님은 세상을 창조하던 태초부터 지금까지 끊임없이 창조를 하신다. 더불어 해방과 구원의 역사를 이어가신다. 이것이 오늘 우리가 예수님의 이름으로 신앙생활과 선교활동을 할 수 있는 근거이다. 예수님의 길을 따르는 것은 하나님의 창조에 함께하는 일이고, 해방과 구원을 경험하면서 하나님 나라를 이 땅에 이루는 일이다. 예수님의 삶과 죽음이 갈라진 하나님과 인간, 인간과 인간, 인간과 자연의 관계를 회복하여 하나 되게 하는 일이었듯이 오늘 우리 개인의 삶이나 교회의 활동은 인간의 욕망으로 죽어가는 생명과 자연을 살리는 일이다.

창조절은 먼 옛날, 태초에 하나님이 이 세상을 만드셨다는 것을 억지로 믿고 이해하는 것을 넘어서 오늘도 계속해서 인간의 역사에 개입하시는 하나님의 뜻을 따라서, 하나님의 도구가 되어 창조와 해방의 사역에 기꺼이 동참하기로 다짐하는 절기이다. 하나님의 창조가 태초에만 있었던 것이 아니라 오늘도 계속된다는 믿음을 가지고 그 사역에 적극적으로 참여하려는 절기이다. 사람들이 적극적으로 탄원하지 않거나 함께 하지 않으면 하나님은 절대로 역사에 개입하지 않는다. 즉 하나님은 자기의 뜻에 맞는 사람을 통하여 자기의 꿈을 펼칠 사람을 통하여 일하시기 때문이다.

우리가 살고 있는 지구 전체가 점점 더 누군가의 피 값으로 산 "피의 땅"으로 변해가고 있다. 하나님의 영을 먼저 받은 우리가 피의 땅에 공평이 자리잡고 정의가 머물게 하여, 정의의 열매인 평화와 평안과 안전이 이루어지도록 마음과 몸으로 행동하자.

가인과 아벨의 이야기에서 제물의 종류나 정성이 중요하지 않다. 짧은 이야기에서 두 가지를 평가할 수 있는 근거를 제공하지 않는다. 하나님은 '아벨과 그 제물'을 받고 '가인과 그 제물'은 받지 않으셨다고 한다. 이 이야기는 제사를 지내는 순간 보다도 그 사람 자체, 아벨과 가인이 중요하다고 말한다. 사람을 받으셨다는 것은 그 사람의 삶, 평소의 모습을 인정하였다는 것이다. 농사를 짓거나 목축을 하는 것 보다는 사람의 됨됨이를 중요하게 보신다.

형에게 죽임당한 아벨의 피가 땅에서 하나님께 울부짖는다. 이렇게 죽임당한 아벨을 예수님은 의인이라고 말한다. "그리하여 의인 아벨의 피로부터, 너희가 성소와 제단 사이에서 살해한 바라갸의 아들 사가랴의 피에 이르기까지, 땅에 죄 없이 흘린 모든 피가 너희에게 돌아갈 것이다."(새번역, 마 23:35-36) 세상에서 자기의 일을 묵묵히 하다가 왜 죽어야 하는지도 모르게 억울하게 죽임당한 사람들은 의로운 사람들이고, 아무리 숨기려 해도 그들의 피가 하늘에 울부짖어 그 사연을 고한다.

그 사연은 우리말로 하면 한(恨)이다. 우리의 평소의 모습, 일상 속에서 누군가에게 한을 만들지 않는 것은 중요하다. 아무리 사소한 일이라도 한을 만들거나 쌓는 일은 금해야 한다. 혹시라도 쌓여있을 마음의 응어리나 한이 있다면 풀어내고 새롭게 출발해야 한다. 한을 품은 사람이나 한을 쌓은 사람이나 그 한을 풀어내고 하나가 되는 일이 새로운 출발을 하기에 앞서서 해야 할 일이다. 우리 중에도 누군가에게 혹시 한을 품었거나 한을 쌓게 했다면 먼저 풀어내고 새날을 맞이하자. 그 사연은 땅이 하늘에 고할 것이다.

어떤 특정한 순간이나 날만 잘해서 자기의 모습을 숨기려는 것이 아니라 일상에서 어떻게 행하느냐가 더 중요하다. 하나님이 가인에게 하는 말씀이다. "네가 올바른 일을 하였다면, 어찌하여 얼굴빛이 달라지느냐? 네가 올바르지 못한 일을 하였으니, 죄가 너의 문에 도사리고 앉아서, 너를 지배하려고 한다. 너는 그 죄를 잘 다스려야 한다."(새번역, 창 4:7) 여기에서 올바른 일이나 올바르지 못한 일은 단지 제사의 행위만을 말하지 않는다. 항상 죄의 지배를 받으려는 위태로운 상황 속에서 살았음을 말한다.

또한 중요한 것은 그 이후에 어떤 일이 일어났느냐 하는 것이다. 가인이 화가 났을 때에 하나님이 묻는다. "어찌하여 네가 화를 내느냐?" 죄를 짓지 않도록 조심하라는 하나님의 경고에도 불구하고 가인은 아벨을 들에서 죽였다. 그리고 아벨을 찾는 하나님께 가인은 대답한다. "내가 아우를 지키는 자입니까?" 가인의 행동과 말은 형제의 관계를 끊어버리는 것이고, 또한 하나님과의 관계를 끊어버리는 것이다. 이는 평소에도 형제의 관계와 하나님과의 관계를 소홀히 했다는 것이다.

하나님은 가인에게 땅에서 쉬지도 못하고 떠돌아다니게 될 것이라고 한다. 그러면서도 가인을 죽인 자에게 일곱 배의 벌을 내리겠다고 하신다. 이 말씀은 가인을 보호하기 보다도 복수의 사슬을 끊으라는 말씀이다. 더 이상의 살육이 계속되어서는 안 된다는 말씀이다. 그런데 떠돌아다니게 될 것이라는 가인이 하나님을 떠나서 놋 땅에서 살았다고 한다. 하나님의 심판이 거짓이고 하나님의 말씀이 효과가 없었단 말인가? 아니, 놋이라고 하는 지명은 '떠돌아다님'(12, 14절)이라는 뜻이다.

하나님을 떠난 삶은 오늘날 이 땅에서 벌어지는 모든 죄와 악의 시작이고 근원이다. 죄는 "세상에 존재하는 모든 피조물의 평화를 깨뜨리는 불필요한 폭력을 유발하는 의도나 행위"라고 마조리 수하키는 말한다. 따라서 구원은 폭력으로부터 벗어나는 평화와 친교인데, 그것은 세상의 모든 피조물과 함께 누리는 친교요, 하나님과의 화해를 통해서 누리는 평화이다. 그 구원은 폭력의 사슬을 끊으려는 사람들의 책임 있는 삶에서 시작된다. 하나님을 떠나지 않고 언제나 하나님과 동행하는 삶이 평화를 만드는 삶이다.

시편의 찬양 | 시 139:7-12

"내가 주님의 영을 피해서 어디로 가며, 주님의 얼굴을 피해서 어디로 도망치겠습니까? 내가 하늘로 올라가더라도 주님께서는 거기에 계시고, 스올에다 자리를 펴더라도 주님은 거기에도 계십니다."

하나님은 세상을 만드실 때에 사람과 모든 생명이 살만한 곳으로 만드셨다. 사람들이 이 세상에 살게 되었을 때 이 세상은 사람들이 살 수 있을 만큼 최적화된 상태였다. 그러나 노아의 홍수 직전에 묘사된 세상의 모습은 전혀 그렇지 않다. 하나님은 사람의 죄악이 세상에 가득 차고, 마음에 생각하는 모든 계획이 언제나 악한 것뿐임을 보시고, 땅 위에 사람 지으셨음을 후회하시며 마음 아파하신다. 또한 탄식하시면서 모든 생명과 사람을 만드신 것을 후회하신다.

사람들의 생각과 행위에 대한 결과는 하나님의 심판이다. 그 심판은 전혀 다른 세상, 새로운 시작이기도 하다. 성서에서는 인간의 범죄와 심판 후 새로운 시작이 반복되어 나타난다. 한 번 새롭게 되었다고 완전한 세상이 되지 않고, 심판을 받았다고 해서 역사가 완전히 끝나지도 않는다. 이러한 역사적 순환에 대해서 궁극적으로 세상의 끝 날에 있을 심판을 최후의 심판이라고 하기도 한다. 그러나 그 심판도 과연 최후일지는 아무도 모른다. 일단 지금 우리의 역사가 끝이면 끝이기 때문이다.

지금 우리가 살고 있는 세상, 지금 우리가 살아 있는 현재는 창조와 심판의 사이에 있다. 다른 용어로 말하면 생성과 소멸의 중간에 있다. 소위 기독교적 역사관에서 현재는 최후의 심판을 향하여 직선적으로 달려가는 시간이지만, 생성과 소멸의 중간에 있는 변화의 과정이다. 생성과 소멸 자체도 변화이고 과정이다. 하나님의 창조도 그 옛날 한 처음에 한 번 일어난 것이 아니라, 지금도 여전히 창조하신다고 고백한다. 심판은 역사의 끝이 아니라 타락한 역사를 뒤집어 새롭게 출발하는 시작이다. 봄은 생하고 여름은 성하며 가을은 씨로 소하게 되며 겨울은 멸한다고 하지만, 또다시 순환되는 것이 자연의 이치이고, 그 속에 인간이 살고 있으며 인간 역시 관계를 통해서 우주처럼 생성소멸을 반복하는 것이다. 우리의 삶이다.

그런 의미에서 생성과 소멸은 원래 하나였다. 그런데 어느 순간 생성과 소멸은 다른 것으로 인식되기 시작했고 지금은 완전히 서로 반대되는 개념인 것으로 이해되고 있다. 뭔가를 생성한다는 것은 뭔가를 소멸시키는 것과 동일한 행위이고, 뭔가가 생성될 때는 반드시 뭔가가 소멸되게 되어 있다. 인간은 살아가지만 항상 스스로 죽음을 떠올리고 죽음을 향해 한 걸음 한 걸음 나아간다. 살아가지만 죽어가는 것이다. 누구나 태어나면 죽는 것은 똑같은 현실이지만, 살아 있는 동안에 살아가느냐 죽어가느냐를 선택하는 것은 자기 자신이다. 공동체적으로 말하면 생명의 문화를 만드느냐 죽임의 문화를 만드느냐를 우리가 선택하는 것이다.

그러면 지금 현재를 살고 있는 우리가 할 수 있고, 또 해야 하는 것은 무엇일까? 창조와 심판, 생성과 소멸의 과정에 있는 것 자체를 감사하는 일이다. 아직 심판의 때가 되지 않았기에, 아직 마지막이 아니기에, 우리는 살아 있으니 무엇이라도 할 수 있기 때문이다. 또한 죽임과 심판이 아니라 생명과 창조의 때로 나아가는 일이다. 사람들의 잘못으로 파괴되고 있는 하나님의 형상을 회복하여 인간뿐 아니라 다른 생명들과 자연과 함께 잘 사는 일이다. 그것은 지금도 여전히 창조를 계속하고 계시는 하나님과 동행하는 일이다. 그 일은 어디에나 계시는 하나님과 기꺼이 함께하는 일이다.

"아담 한 사람의 범죄 때문에 그 한 사람으로 말미암아 죽음이 왕노릇 하게 되었다면, 넘치는 은혜와 의의 선물을 받는 사람들은, 예수 그리스도 한 분으로 말미암아, 생명 안에서 왕노릇 하게 되리라는 것은 더욱더 확실합니다."(새번역)

롬 5:12에서 "한 사람으로 인하여 세상에 죄가 들어왔고 그 죄로 인하여 죽음이 들어왔듯이, 모두가 죄를 지었기 때문에 모든 사람에게 죽음이 퍼졌다."라고 말한다. 이는 죽음이 언제 들어왔다는 것을 말하는 것이 아니고 현재의 사실임을 말한다. 유대교 문헌에는 죽음의 원인에 대하여 두 가지를 동시에 말한다. 죽음은 아담 때문에 온 인류에게 초래된 것이며, 또한 죽음은 각 개인의 범죄에 대한 징벌이다. 모든 인간이 죽는다는 사실에서 다시 죄와 죽음의 연관성이 드러나 있다. 바울의 말은 죄의 현실성과 죽음의 확실성을 말하고 있는 것이다.

아담 한 사람으로 인하여 세상에 죄와 죽음이 들어왔다고 말하는 것은 아담이 인류의 '대표 단수'라는 말이지, 아담의 죄가 유전되어서 모든 사람에게 전가된다는 원죄의 교리를 말하는 것이 아니다. 만일 원죄의 교리를 인정한다면 인간의 역사에서 죄악의 현실을 반영하는 것에 한해서다. 인간의 죄와 죽음은 죄의 결과라기보다는 현실적으로 만연한 모습이면서 하나님의 의와 구원을 불러일으키는 원인이다. 원죄 교리는 결과에 집착하지만, 바울의 말은 구원의 원인(동기)에 집중한다.

사도 바울이 아담의 범죄를 말한 것은 원죄의 교리를 확증하기 위한 것이 아니다. 성악설에 대한 오해처럼 바울의 말이 잘못 해석되어 원죄의 교리로 굳어졌다. 바울의 논증은 도리어 인간 세상의 죄악된 현실과 죽을 수밖에 없는 상태를 말하면서, 궁극적으로는 예수 그리스도를 통하여 하나님의 은혜로 인간이 의롭다고 인정되고 영원한 생명을 누릴 수 있음을 말하기 위한 것이다.

사도 바울은 한 사람으로 인하여 세상에 죄가 들어왔고 그 죄로 인하여 모든 인간이 죽음의 지배를 받게 되었다고 한다. 이 말은 인간의 죄성과 인류의 죄악상과 인간의 유한함을 설명한다. 또한 그 죄와 죽음의 문제를 해결할 수 있는 방법도 한 사람을 통하여 가능하다고 한다. 한 사람의 순종과 의로운 행동을 통하여 하나님의 은혜의 선물을 받은 사람 모두는 무죄로 선언되고 의롭다고 인정되어 영원한 생명에 이르게 될 수 있다고 한다.

한 사람으로 인하여 죄와 죽음이 세상을 지배하였듯이, 한 사람을 통하여 하나님의 은혜를 받은 사람들은 의와 생명에 의하여 지배될 것이다. '한 사람으로 인하여', '한 사람을 통하여' 죄와 죽음, 의와 생명이 인류를 지배하게 되었다. 어떤 일이든지 한 사람을 통하여 시작된다. 사람을 살리는 것도 사람을 죽게 하는 것도 그렇다. 이는 바울의 체험적이고 상징적인 고백이다.

우리의 현실 속에서도 한 사람으로 인하여 세상사는 하루하루가 지옥 같을 수도 있고, 한 사람을 통하여 세상은 살맛이 나기도 한다. 요즘 우리 사회의 현실을 보면서 이 말을 뼈저리게 실감한다. 한 사람이 많은 권력을 가지고 큰 영향력을 행사할 수 있는 구조 때문에 더욱 그러하다. 그 권력을 애써 내려놓으려고 하는 사람도 있었지만, 그 권력을 적극적으로 확장하려는 사람도 있기 때문이다. 한 사람이 중요하기 때문에 선거에서 한 사람을 잘 뽑아야 한다. 세상에 죄와 죽음을 강요할 사람이냐, 세상에 의와 생명이 넘치게 할 사람이냐, 잘 선택해야 한다.

또한 가족이나 교회 공동체에서 그 공동체가 어떻게 될 것이냐 하는 것도 한 사람으로 인하여, 그 한 사람을 통하여 좌우된다. 바로 그 한 사람으로부터 시작된다. "One for All, All for One."이란 말이 있다. "한 사람은 모두를 위하고, 모두는 한 사람을 위한다."는 뜻이다. 같은 의미로 〈화엄경〉에 "一卽一切 多卽一"(일즉일절 다즉일)이란 말이 있다. "하나가 곧 전체이고, 전체가 곧 하나이다."라는 가르침이다. 한 사람은 모두를 위하고, 모두는 한 사람을 위하는 삶이 되어야 한다.

우리 주 예수 그리스도를 통하여 영원한 생명에 이르게 하는 의가 세상에 넘치게 할 수 있는 것은 또한 나 한 사람으로부터 시작된다. 우리 각자는 모든 사람을 대표하는 대표 단수이기 때문이다. 나의 삶뿐만 아니라 내가 속한 작은 공동체로부터 큰 틀의 사회에 이르기까지 그 방향이 죽음을 향하느냐 생명을 향하느냐 하는 것은 나의 선택과 행동에 달려 있다.

그리고 함께 하는 길벗들이 있다면 그 한 사람 한 사람이 더 소중할 것이다. 생명을 향하여 함께 가는 한 사람 한 사람이 모여서 공동체를 이룰 때에 영원한 생명의 미래를 바라보며 당당하게 갈 수 있을 것이다. 세상을 생기가 넘치게 만드는 일은 한 사람, 바로 나 한 사람으로부터 시작된다.

"심판 때에 니느웨 사람들이 이 세대와 함께 일어나서, 이 세대를 정죄할 것이다. 니느웨 사람들은 요나의 선포를 듣고 회개하였기 때문이다. 그러나 보아라, 요나보다 더 큰 이가 여기에 있다. 심판 때에 남방 여왕이 이 세대와 함께 일어나서, 이 세대를 정죄할 것이다. 그는 솔로몬의 지혜를 들으려고, 땅 끝에서부터 찾아왔기 때문이다. 그러나 보아라, 솔로몬보다 더 큰 이가 여기에 있다."(새번역)

바리새파 사람들이 찾아와서 시비를 걸며 트집을 잡는다. 하늘의 표징을 요구한 것이다. 예수님은 표징을 요구하는 이 세대를 보면서 한숨을 내쉬고 탄식하신다. 그 한숨과 탄식은 예수님의 활동과 가르침을 받아들이지 않고 시비와 트집으로 일관하고 있는 사람들을 안타까워하는 것이다.

예수님은 계속되는 활동과 가르침 속에서 하나님 나라를 선포하고 확장시키며, 그 나라의 모습이 어떤 것인지 무리들에게 보여주셨다. 함께 참여한 무리들은 사건들 속에서 그 나라의 실체를 경험하였다. 하늘로부터 내리는 표징이라면, 이미 예수님의 활동과 가르침 속에 그대로 들어 있다. 그러나 그것을 이해하고 받아들이는 것은 사람들, 바로 우리의 몫이다.

이미 다 드러나 있는 표징을 요구하는 것은 이전에 행한 예수님의 활동과 가르침을 부인하는 것이다. 단순히 표징을 요구하는 것이 아니라 예수님의 활동에 대하여 근본적으로 거부하는 것이다. 예수님의 활동이 하늘로부터 온 것이 아니라고 하면서 시비를 걸고 있는 것이다. 예수님은 그들과 더 이상의 대화를 하지 않으신다. 이미 악의에 찬 마음으로 트집을 잡고 있는 바리새파 사람들의 모습이 안타까울 뿐이다. 말로써 그들의 마음을 돌려놓기 보다는 그들을 떠나는 또 다른 행동으로 시비에 말려들지 않으신다. 예수님은 만일 이 세대가 표징을 받는다면, 그것은 이미 예수님의 활동과 가르침을 통해서 주어진 것임을 행동으로 보여주신다.

표징(σημειόν/세메이온)은 "표시, 표징, 신호, 표적, 기적, 이상한 현상, 이적, 기사, 징조, 놀라운 일, 부호" 등을 말한다. 마 16:1-4과 눅 12:54-56에서는 요나의 표징을 제시하면서 자기의 죽음과 부활을 암시하신다. 요한복음에서는 일곱 개의 표적을 통하여 예수님이 하나님과 동등하거나 혹은 하나님의 아들임을 증거하신다. 마태복음과 누가복음에서는 시대의 징조를 말하는데, 마가복음에서 표징은 예수님의 정체성에 관한 물음이다. 그리고 그 요구의 이면에는 예수님의 정체성을 부정하는 마음이 있다.

예수님의 정체성을 부정함으로써 바리새파 사람들은 지금까지 자기들이 누려왔던 율법 해석의 독점권과 그로 인해 민중들 위에 군림하던 권위가 훼손되지 않기를 요구한 것이다. 예수님이 행했던 많은 일들은 사건을 통하여 하나님 나라의 도래를 선포한 것이었지만, 바리새파 사람들은 그것을 믿을 수 없었다. 이는 자기의 것을 지키기 위하여 새로운 시대의 흐름에 역행하는 것이다. 분명하게 드러난 표징(증거)에도 불구하고 부정과 왜곡과 거짓으로 일관하는 사람과 같다.

하늘의 표징은 예수님의 활동과 그를 따르는 무리들의 모습 속에서 이미 드러났다. 그럼에도 불구하고 그것을 또 요구하는 것은 하늘의 징조를 거부하는 것이다. 예수님이 함께 한 사람들과 일으킨 사건 속에서 드러난 하나님 나라는 지배자들이 자기를 포기하지 않고는 받아들일 수 없다. 그래서 그들은 하늘의 표징을 무마하고 왜곡하기 위해서 시비를 걸고 트집을 잡는 것이다.

하늘로부터 내리는 표징은 신비하고 경이로운 사건이 아니라 예수님의 제자들, 하나님의 사람들을 통하여 오늘도 계속 드러난다. 예수님의 얼굴을 닮고 예수님의 길을 함께 가는 사람들을 통하여 하늘의 표징이 드러나고 널리 퍼져야 한다. 이러한 드러남과 확장은 하나님의 통치를 방해하고 그 나라의 도래를 막으려는 세력들이 꼼짝 못하게 될 때까지 계속되어야 한다.

우리 속에는 어떠한 하늘의 표징이 있는가? 우리의 삶과 우리가 일으키는 사건 속에서 드러나는 하늘의 표징은 무엇인가? 그것은 사람과

사랑, 생명과 평화이다. 다른 말로 하면 '함께 어울려가는 세상, 공동체'
다. 하늘의 표징이 예수님의 정체성을 드러내는 것처럼 우리 속에 있는
그것은 우리가 예수님의 제자라는 정체성을 드러낼 것이다.

이병일 목사(무등교회)

바람과 더불어 춤추는 생명

에스겔 37:1-14, 시편 147:1-20, 사도행전 2:1-13, 요한복음 3:1-8

구약의 말씀 | 겔 37:1-14

"또 내게 이르시되 인자야 너는 생기를 향하여 대언하라. 생기에게 대언하여 이르기를 주 여호와께서 이같이 말씀하시기를 생기야 사방에서부터 와서 이 죽음을 당한 자에게 불어서 살아나게 하라 하셨다 하라. 이에 내가 그 명령대로 대언하였더니 생기가 그들에게 들어가매 그들이 곧 살아나서 일어나 서는데 극히 큰 군대더라."

에스겔은 이스라엘 역사에서 가장 비극적인 시대를 살아내야 했던 예언자였다. 바빌론 제국에 의해 예루살렘이 함락되고, 대부분의 상류층 인사들이 바빌론에 포로로 끌려갔으며, 바빌론 포로 신세에서 이스라엘의 완전한 멸망(주전 587년) 소식을 들어야만 했다. 바빌론에 포로로 사로잡혀 있던 사람들은 자신의 처지를 "우리의 뼈들이 말랐고, 우리의 소망이 없어졌으니 우리는 다 멸절되었다"(11절)라고 한탄하였다. 하나님의 영에 의해 인도되어 에스겔이 보았던 마른 뼈들의 환상은 이제 돌아갈 나라마저 사라져버린 이스라엘 포로민들의 영적, 사회정치적 상태와 분위기를 드러내고 있다.

이러한 상황에서 생명의 하나님은 마른 뼈들에게 생기를 불어넣어 이들을 살려내신다. 이들은 이제 죽음과 절망의 무덤에서 해방되어 새로운 생명의 공동체로 거듭나게 된다. 이러한 하나님의 신비롭고 장엄한 구원과 해방의 사역에서 '생기'(ruach/루아흐)가 주요한 역할을 감당한다. 이 '생기'는 숨(breath), 바람(wind), 영(spirit)의 뜻이 함께 들어 있다. 하나님의 영은 창조의 순간에 하나님과 함께 있었고(창 1:2), 숨을 불어넣음으로 티끌에 불과하던 사람이 살아있는 생명이 되었다(창 2:7). 또한 하나님은 바람을 불게 하여 바닷물 사이에 길을 만들어 이스라엘 백성들을 파라오 군대의 추격으로부터 구해 내셨다(출 14:21). 또한 바람은 하나님의 심판과 경고를 상징하기도 하였다(호 13:15).

이렇듯 바람은 성경의 세계에서 하나님의 영의 현존과 활동을 드러내는 자연현상으로 주목받았다. 바람은 눈에 보이지 않으며, 인간의 통제권을 벗어나 자유롭게 움직인다는 점에서 하나님의 속성과 닮아 있다. 또한 변화를 일으키는 에너지를 품고 있다는 점에서도 창조와 구원이라는 질적으로 새로운 변화를 이끄시는 하나님의 속성과 연결되어 있다.

그리스도인들의 영성 생활은 하나님의 영의 현존과 활동을 깨어서 알아차리며, 그것이 가져오는 변화에 동참하는 삶이다. 자신의 힘으로만 무언가를 성취하고 달성하려는 노력은 가상하기는 하나 영성 생활은 아니다. 영성 생활의 적절한 비유로 새가 하늘을 나는 풍경을 들곤 한다. 새는 자신의 날개짓을 하며 자유롭게 허공을 비행한다. 그러다가 적절한 공기의 흐름을 만나면 날개짓을 멈춘 채, 유유하게 무위유위(無爲有爲)의 비행을 이어간다. 인간의 적절한 노력과(유위) 하나님의 영의 유려한 운동이 어우러질 때, 우리는 하나님의 영원한 생명과 평화의 하늘을 아름답게 비행하는 영성 생활을 누릴 수 있게 된다. 이런 면에서 영성 생활은 근본적으로는 수동적인 삶의 방식이다. 그러나 여기서 수동적이라는 말은 십자가의 성 요한이 깊은 영성 생활의 특징을 나타낼 때 사용했던 '레시비르'(recibir)의 의미이다 이 스페인어는 전적으로 수동적인 수용성이 아닌 자기 집안으로 손님을 모실 때, 두 팔을 벌려 환영하는 심정을 나타내는 뜻을 담고 있다. 그러므로 우리는 에스겔 예언자에게 드러났던 생명 살림과 회복을 향한 성령의 현존과 활동이 오늘 우리의 삶과 세계 속에서 어떻게 일어나고 있는지를 주의 깊게 살펴 보아야 한다. 그리고 그러한 영의 활동을 두 팔 벌려 환영하며, 그 움직임에 우리의 삶을 조율해 나가야 한다. 그럴 때 우리의 삶, 우리 신앙공동체의 삶이 '성령과 더불어 춤추는', 은총으로 충만한 영성 생활을 향유할 수 있게 된다. 또한 이 땅에서 감당하도록 부름받은 생명 살림의 사역을 온전히 기쁘고 가볍게 감당해 갈 수 있으리라.

"그의 말씀을 보내사 그것들을 녹이시고, 바람을 불게 하신즉 물이 흐르는도다."

이 시편은 바빌론 포로에서 풀려나 다시 이스라엘로 돌아온 저자의 경험에서 우러나온 노래이다. 이러한 하나님의 놀랍고도 신비로운 구원 사건의 경험이 있었기에, 시인은 예루살렘을 다시 세우시고, 흩어진 사람들을 모으신 하나님을 찬양한다(2절). 마음이 상심되고 온 몸이 상처를 입은 이스라엘을 다시 회복시키고 치유해 주시는 좋으신 하나님을 마음껏 노래한다(1,3절). 군사력에 의존하고(10절) 권력에 의존하던 교만한 바빌론 제국을 무너뜨리신 주님을 "위대하시고 능력이 많으시고, 지혜가 무궁하시다"(5절)라고 찬양한다.

이렇게 역사적 지평에서 구원하시는 '해방의 하나님'을 바라보는 시인의 시선은 이제 자연만물을 창조하시고 운영하시는 '창조주 하나님'을 향한다. 밤하늘의 별들을 바라보며, 수많은 별들의 다양함을 감탄하며 "별들의 수효를 세시고, 그것들을 다 이름대로 부르시는"(4절) 창조주를 떠올린다. 황량한 사막지대에서도 구름이 형성되고, 비가 내리고, 그 비로 말미암아 초목이 자라나며, 생명체들이 이것을 먹고 자라는 자연세계의 상호연관성과 순환성을 관찰하며 주님께 감사하며 수금으로 찬양을 드린다(7, 8, 9절).

또한 시인의 눈은 눈과 서리와 우박이 내리는 추운 날씨에서 그것들이 녹아내리고 바람이 불어 생명의 원천인 물이 흐르게 되는 계절의 변화를 바라본다. 그리고 이러한 변화를 가능케 하는 원동력이 하나님의 말씀에 있다고 선포한다(18절). '말씀'은 히브리어로 '다바르'인데, 이것은 생명을 창조하고 생육하고 번성케 하는 하나님의 사랑에서 우러나오는 생명력이자, 신성한 요청이자 사랑의 명령이라고 스리랑카 출신의 피에리스 신부(Aloysius Pieris SJ)는 말한다. 그리고 이러한 생명력 있는 '말씀'인 '다바르'에 대한 응답은 그 '말씀'이 표현하는 요청을 주의 깊게 경청하고, 알아차리며, 기쁘게 반응하고, 요청에 순응하는 것이라고 말하며, 이것이야말로 성서적 영성의 고유한 특징이라고 주장한다.

그리스도교 영성 전통에서는 자연은 인간이 자신의 필요와 욕망을 위해 마음껏 사용하고 착취할 수 있는 비인격적 대상이 아니다. 그것은 우선적으로 하나님의 말씀(다바르)인 거룩한 생명력이 흘러 넘치고, 하나님의 지혜가 담겨 있는 거룩한 하나님의 몸이다. 그리스도교 수도원 운동의 창시자라고 불리우는 성 안토니(Anthony the Great, 251년경~356년경)에게 어떤 사람이 어떻게 성경을 접하기 어려운 사막에 살면서 하나님을 향한 헌신된 삶을 살 수 있겠느냐고 물었을 때, 안토니는 "나의 책은 피조세계인 자연이다. 내가 언제든 하나님의 말씀을 읽으려고 하면, 책은 내 앞에 있다."라고 말했다고 전해진다.

오늘날 인간 욕망의 과도한 실현으로 몸살을 앓고 있는 피조세계의 이상 징후들 지구온난화, 기상이변 등은 우리에게 더욱 세심하게 주의를 기울이며, 그 가운데 들려주는 하나님의 말씀에 주목하고 경청해야 할 필요성을 촉구하고 있다. 한편으로는 불어오는 한 줄기 바람 속에서도 계절의 변화와 생명의 번영을 이루어가시고 축복해 주시는 창조주 하나님의 섭리와 신비에 감탄하고 찬양하는 영성을 키워야 한다. 다른 한편으로는 자연과 만물의 신음소리에 예민하게 반응하며, 그 가운데 "회개하라. 하나님 나라가 가까이 왔다"는 예수 그리스도의 외침을 오늘날 '생태적 회심'을 촉구하는 말씀으로 경청하며, 온 마음과 정성으로 응답해 가야 한다.

서신서 말씀 | 행 2:1-13

"홀연히 하늘로부터 급하고 강한 바람 같은 소리가 있어 그들이 앉은 온 집에 가득하며, 마치 불의 혀처럼 갈라지는 것들이 그들에게 보여 각 사람 위에 하나씩 임하여 있더니. 그들이 다 성령의 충만함을 받고 성령이 말하게 하심을 따라 다른 언어들로 말하기를 시작하니라."

이 유명한 본문은 성령강림 절기마다 교회가 함께 읽는 이야기다, 예수님의 승천 사건 이후 예루살렘에 모여있던 제자공동체가, 오순절에 공동체적으로 성령을 체험한 사건이 그 내용이다. 이 사건이 중요한 것은 오늘날 그리스도교 공동체의 출발이 바로 이 시건에서부터 시작되었다고 보기 때문이다. 십자가에서 죽임을 당하시고 부활하신 나사렛 예수님을 그리스도로, 주님으로 고백하고 믿고 따르는 공동체가 본격적으로 시작되게 된 것이 바로 예루살렘 공동체의 성령강림 사건이다.

그런 의미에서 우리 또한 이 사건의 영적 파장 안에, 영향력 안에 있으며 연결되어 있는 것이다.

성령강림 사건은 성령을 사모하는 제자들의 간절한 기도와 이들에게 자신의 영을 나누어주는 하나님의 능동적 활동이 결합된 모습으로 나타난다. 함께 한 마음으로 기도하면서, 성령의 임재하심과 능력을 간절히 기다리던 제자들에게 하나님의 활동과 성령의 임재가 나타난다. 이러한 순간을 '하늘에서 세찬 바람이 부는 듯한 소리'가 들리는 것으로 묘사한다(2절). 이렇게 성령을 간구하는 제자들의 열망과 이에 응답하는 하나님의 임재와 활동이 동시적으로 이루어지면서, 하나님의 영을 집단적으로 체험하게 되었고, 이것은 개인과 공동체의 전적인 변화와 새로운 탄생으로 이어진다. 우리 안에 내재한 하나님의 영이 탄식하며 갈망하고 이를 듣고 하나님의 영이 활동하게 될 때 성령강림 사건이 일어나고 새로운 존재, 새로운 공동체, 새로운 세상이 탄생하게 되는 것이다.

4절에 언급된 성령은 그리스어로 Ἁγίου Πνεύματος(하기우 프뉴마토스)이다. 여기서 '하기우'라는 단어는 단지 세상과는 다른, 구별된, '하나님을 닮은'이란 뜻이다. '거룩한' 이란 뜻이 특별히 종교적이거나, 세상과 분리된 저 세상적인 것이 아니라는 점, 단지 세상과는 다르고 구별되는 것이라는 점을 주목할 필요가 있다. 더 주목하고 싶은 것은 '영'(그리스어로는 프뉴마토스)이 히브리어의 네페쉬, 루아흐 등을 번역한 것인데 주로 숨, 바람, 하나님의 영의 의미로 씌었고 하나님의 본성, 하나님의 형상과 연결되어 있다는 점이다. 이 하나님의 영은 분리하고 단절시키는 세상 언어의 장벽을 훌쩍 뛰어넘어 소통하고 연결되어 한 하나님 안에서 하나의 공동체를 이루어가는 기적을 보여주게 된다.

현대의 저명한 영성가인 헨리 나우웬은 동방정교회의 성령강림 이콘을 묵상하면서 "살아계신 그리스도의 성령은 개성을 가지고 있는 믿는 이들 안에서 새로운 공동체를 창조하시는 분"이라고 말한다. 또한 이 공동체는 구성원들의 안녕만을 도모하는 단체가 아니라 세상의 구원을 향해 나아가는 공동체라고 묵상한다.

오늘날 세상은 더욱 긴밀하게 연결되어 지구촌, 글로벌한 세상이라고 불리우고, 실제로 너무도 촘촘히 연결된 세상을 살아가고 있다. 그러나 다른 한편으로는 더욱 극심한 분열과 갈등으로 세상은 점점 분절되고 고립되고, 고통받고 있다. 그 어느 때보다도 서로의 차이를 존중하면서도 이를 연결하고 소통할 수 있는 성령의 역사가 요청되고 있는 때이다. 성령의 공동체인 그리스도교 공동체가 성령의 바람과 더불어 춤추며, 그 사랑과 평화의 기운으로 분열된 세상을 치유하고 다양성 속에 일치를 도모하는 생명과 평화의 공동체로 거듭나야 할 때이다.

복음서 말씀 | 요 3:1-8

"바람이 임의로 불매 네가 그 소리는 들어도 어디서 와서 어디로 가는지 알지 못하나니 성령으로 난 사람도 다 그러하니라."

본문에서 예수님은 자신을 찾아온 니고데모에게 "사람이 거듭나지 아니하면 하나님의 나라를 볼 수 없다"라고 말한다(3절). 이 말씀에는 니고데모가 자신을 하나님이 보내신 사람 정도로 머리로 아는 정도에 그치는 것이 아니라, 예수님에게서 하나님의 은혜와 진리가 온전히 실현되었다는 것을 분명하게 깨닫기를 바라는 예수님의 마음이 담겨 있다. 예수님을 만나고 믿는다는 것은 하나님의 나라가 지금 여기에 이루어졌다는 것을 보는 것이라고 말하고 있다.

예수님이 "다시 나지 아니하면"이라고 할 때 '다시'는 그리스 원어로 ἄνωθεν(아노텐)이다, 이것은 다시(again)라는 뜻도 있지만, 새롭게(anew) 또는 위로부터, 하늘로부터(from the heaven)라는 뜻도 있다. 그러므로 이것은 사람이 전혀 새롭게 나지 않으면 또는 하늘로부터 하나님의 영인 성령으로 나지 않으면 하나님 나라를 볼 수 없다는 뜻이다.

그리고 8절에서는 성령으로 새롭게 태어난 사람을 '바람'의 은유를 써서 설명한다. 유동식 선생은 이 구절을 언급하면서 성령으로 거듭난 사람을 '풍류객'(바람이 흘러가듯 자유롭게 사는 사람)으로 풀었다. 성령을 뜻하는 '프뉴마'에도 '바람'이란 뜻이 들어 있다. 여기서 드러나는 바람의 세 가지 특성이 있다. 첫째는 자유의지다. 바람은 불고 싶은 대로 분다. 성령으로 태어난 사람은 바로 예수님의 진리의 말씀을 듣고 참으로 자유로운 존재가 되는 것이다.

그리스도인은 예수 그리스도의 하나님 나라 사역, 십자가와 부활의 사건을 통해서 죄와 죽음의 권세에서 해방되어 자유를 누리는 사람들이다. 하나님과의 관계가 단절된 상태에서 다시 회복된 상태가 되어, 하나님의 영원한 생명을 누리며, 죽음의 권세에서 자유롭게 된 사람들이 바로 그리스도인이다. 그래서 예수님은 하나님께서 자신을 보내신 것은 믿는 사람들이 멸망하지 않고 영생을 얻게 하려는 것이라고 말한다(16절). 영생이란 죽지 않고 영원히 사는 것, 또는 죽어서 육신은 사라지고 영혼만 영원히 사는 영혼불멸설이 아니다. 바로 영원한 생명이신 하나님과의 관계가 회복되고, 그 하나님의 사랑을 누리며 진리 가운데 살아가는 것이 바로 영생을 누리는 길이다.

바람의 두 번째 특징은 '영원한 생명'이다. 우리는 바람소리는 듣지만 "어디에서 와서 어디로 가는지" 모른다. 바람은 무시무종(無始無終)한 존재이다. 성령으로 태어난 사람은 이렇게 무시무종한 하나님의 영원한 생명을 지니고 살게 되었다는 것이다. 영원에는 시작과 끝이 없다. 성령으로 거듭난 사람은 영원과 시간이 하나요, 삶과 죽음 사이에 담이 없게 되는 일체 무애인(一切無碍人)이 되는 것이다.

바람의 세 번째 특징은 '소리의 창조'다. 바람은 대상을 만나 소리를 낸다. 바람은 하나지만 만나는 대상에 따라 다른 소리를 낸다. 성령은 바람이고 우리는 피리다. 성령으로 태어난 사람은 성령께서 자유롭게 연주하시는 피리인 것이다. 성령으로 태어난 사람들은 성령의 부르심을 잘 분별하면서 자기의 개성과 은사를 충분히 발휘하는 삶을 살아간다. 성령으로 거듭난 사람들은 가장 자기다운 삶을 아름답게 살아가고 풍성한 성령의 열매를 삶에서 맺어가는 사람들이다. 또한 성령으로 태어난 사람들은 다른 악기들과 함께 하나님의 장엄한 우주의 교향악에 아름다운 화음을 이루며 참여하는 사람들이다. 우리가 교회를 이루고 공동체를 이루며 살아가는 이유는 바로 이렇게 서로 협력하여 아름다운 성령의 교향악을 연주하며, 성삼위 하나님을 찬양하기 위해서다.

우리가 성령께서 연주하시는 제대로 된 피리가 되기 위해서는 속이 비어 있어야 한다. 자기 안에 가로막혀 있는 욕심이나 집착, 죄책감이나 자만감 등이 있다면 제대로 성령의 소리를 낼 수 없다. 그래서 예수님은 자신을 따를 때 "자기를 부인하고 자기 십자가를 지고 나를 따를 것"을 말씀하셨다. 오늘날 성령께서는 인간과 자연만물을 통하여 아름답고 웅장한 교향곡을 연주하지 못하고, 오히려 신음하며 탄식하고 있다. 인간들의 죄악과 탐욕으로 세상이 파괴되고, 자연만물의 집단학살의 위기에 내몰려 있기 때문이다. 성삼위 하나님께서는 이 신음하는 피조세계를 자신과 함께 구원할 '성령으로 새롭게 태어난 사람과 공동체'를 찾고 계신다.

이진권 목사(새봄교회)

우주, 하나님의 무한 가능성의 신비를 품은 시공간

잠언 8:22–31, 시편 148:1–14, 골로새서 1:15–20, 요한복음 6:41–51

구약의 말씀 | 잠 8:22–31

"지혜가 부르지 아니하느냐? 명철이 소리를 높이지 아니하느냐?"

잠언 8장은 하나님께서 온 세상을 창조하실 때, 지혜가 어떤 역할을 하고 있는지 보여준다. 특별히 여성 인격체로 등장하는 지혜는 하나님 께서 모든 것을 창조하시기 전에 지음 받은 존재로 묘사된다(22–26절). 모든 지혜의 근원이신 하나님(욥 28:12–28, 잠 2:6, 전 2:26, 단 2:21– 23)은 지혜로 세상 만물을 창조하시고(27–31절), 세상을 이끌며 지속시 킨다(집회서 1:9–10, 지혜서 8:1). 따라서 하나님의 지혜는 때로 훌륭 한 통치자와 예언자들을 통해 활동하며(왕상 3:11–12, 28, 슥 7:25, 단

1:17), 거룩한 율법 안에서 자기를 계시한다(집회서 24:23-29). 따라서 지혜는 "하나님께서 떨치시는 힘의 바람이며, 전능하신 분께로부터 나오는 영광의 티 없는 빛이다. 지혜는 영원한 빛의 찬란한 광채이며, 하나님의 활동력을 비춰주는 티 없는 거울이며, 하나님의 선하심을 보여주는 형상이다."(지혜서 7:25-26 참조)

따라서 하나님의 백성은 지음 받은 세상이 돌아가는 물리적 이치, 모든 생명체의 생리적 삶, 우주와 인류의 역사의 흐름, 분기점이 되는 사건들 속에서 하나님의 지혜를 얻고 배우고 깨달아야 한다. 잠언 8장은 모든 사람이 지혜로운 하나님의 말씀을 들어야 한다는 말로 시작한다. "지혜가 부르지 아니하느냐 명철이 소리를 높이지 아니하느냐 그가 길가의 높은 곳과 네거리에 서며 성문 곁과 문 어귀와 여러 출입하는 문에서 불러 이르되 사람들아 내가 너희를 부르며 내가 인자들에게 소리를 높이노라."(1-4절) 고대 사회에서의 여성은 주로 수동적 역할에 머물도록 강요되었으나, 잠언에서 여성 인격체로 등장하는 지혜는 다르다. 지혜는 높은 곳에서, 네거리에서, 성문에서, 여러 문들 앞에서 서서 큰 소리로 외친다. 지혜의 메시지는 공공의 영역에서 들려야 한다. 그것도 높은 소리로, 적극적이고 강력한 외침으로 선포되어야 한다. 일찍이 동양의 현자 맹자(孟子)가 "사람이 닭이나 개를 잃어버리면 그것을 찾을 줄 아는데, 마음을 놓쳐버리고도 그것을 찾을 줄 모르는구나. 학문의 길이란 다른 것이 아니라, 그 잃어버린 마음을 찾는 것일 뿐이다."라고 한탄했듯이, 제 마음 하나 추스를 줄 모르는 현대인에게는 더더욱 하나님의 지혜 말씀이 필요하다.

29절의 말씀은 "하나님께서 바다의 한계를 정하여 물이 명령을 거스르지 못하게 하신다."라고 증언한다. 기후 변화와 위기를 넘어 기후 붕괴와 재앙을 맞이하고, 전쟁의 소식은 아직도 끝나지 않고, 인공지능의 급격한 발전 속에서 이 시대 사람들은 거대 위기와 다중 위험에 직면하고 있다. 풍랑이 육지를 범람하듯 혼돈이 우리 삶을 덮치려고 위협하는 이 세상에서 지혜는 하나님과 함께 당신의 사역을 하신다. 지혜가 구름 하늘을 견고하게 하시고, 바다의 샘들을 힘 있게 하시며, 바다의 한계를 정하여 물이 명령을 거스르지 못하게 하시며 또 땅의 기초를 정하신다. 이런 지혜의 사역 덕분에 실제로 우리의 삶이 가능하고, 더 좋은 삶을 살 가능성도 열리는 것이다. 따라서 오늘날 지혜의 외침에 귀를 기울일 때, 혼돈의 세계에서 방황하는 이들에게 참된 삶과 생명을 불어넣을 수 있다. 주님의 형상으로 지음 받은 존재로 하나님의 계속되는 창조 사역에 공동 참여자로 활동하는 우리는 무엇보다 지혜의 말씀에 귀를 기울여야 하는 것이다.

30-31절에서 지혜는 자신이 어떻게 매일 하나님의 기쁨이 되었는지 말하고, 동시에 놀라운 창조 세계와 인류를 얼마나 큰 기쁨으로 여겼는지 드러낸다. 태초에 하나님께서 모든 것을 지으시고 "보시기에 심히 좋았다"라고 하셨듯, 하나님께서 당신의 피조물들, 재잘거리는 작은 참새에서부터 들에 핀 꽃송이 하나에도 웃으시고 즐거워하는 모습은 실로 놀랍다. 또한 지혜는 인류를 보시면서 미소가 저절로 올라오고 기뻐

하신다고 말씀한다. 즉 지혜는 모든 존재하는 것들 속에서 기쁨을 찾는 것이다. 나와 다른 존재 안에서 참 즐거움을 누리는 것, 남을 지배하거나 이용하거나 나와 같기를 기대하는 것이 아니라, 있는 그대로의 상대를 보면서 기쁨을 찾는 것이라 할 수 있다.

나와 다른 이에게서 기쁨을 찾는다는 것은 나에게는 없는 것, 즉 내가 이전에 알지 못하고, 경험하지 못한 것도 언제든 넓은 마음으로 수용하겠다는 개방성을 드러낸다. 신비로 가득한 하나님의 창조 세계와 그 세계를 운영하고 유지하는 지혜의 섭리는 인간의 헤아림으로는 도저히 가 닿을 수 없다. 그러나 하나님과 지혜는 지금도 나를 넘어 작동한다. 지혜의 소리에 귀를 기울이고, 지혜의 외침에 마음을 열라는 요청은 하나님께서 열어 가시는 새 시대와 새로운 일을 적극적으로 인식하고 받아들이는 것이다. 잠언의 지혜는 오늘날도 외친다. "우주를 보라! 세상을 보라! 사람을 보라! 존재하는 모든 것들을 보라! 그리고 그 안에서 지혜를 찾아라!"

시편의 찬양 │ 시 148:1-14

"할렐루야 하늘에서 여호와를 찬양하며, 높은 데서 그를 찬양할지어다."

시편 148편은 창조된 모든 존재가 하나님을 찬양하라고 요청한다. 하늘의 존재들, 위로 천사로부터 땅과 바다의 존재들, 아래로 모든 짐승까지, 그리고 왕들과 고관대작들로부터 모든 남녀노소에 이르기까지 하나님께 찬양으로 영광을 돌리라는 것이다.

하나님을 찬양하라는 명령은 두 가지를 우리에게 가르친다. 첫째, 보이는 것과 보이지 않는 모든 것 즉 존재하는 모든 것들은 그 자체로 하나님을 찬양하는 이유가 된다. 철학자들은 물어왔다. "왜 없지 않고 있는가?" 이 질문에 대한 신앙인의 대답은 이것이다. "하나님께서 창조하셨기 때문이다." 시편 148편은 반드시 존재할 필연적 이유를 갖지 않는 존재들, 그러하기에 없어도 무방하고, 언제든 없어질 수도 있는 이들이 지금 없어지지 않고 살아있다는 그 사실 하나만으로도 찬양의 이유가 된다고 말한다. 즉 존재하는 모든 것들은 존재 자체이신 하나님께 빚진 자들이다. 하나님만이 스스로 계신 분이며, 나머지는 하나님께 기대어 산다. 따라서 모든 피조물은 자신들의 존재를 생각할 때마다 감사와 찬양을 드리지 않을 수 없다. 동시에 모든 피조물은 창조주께 찬양을 돌리며 존재에의 희망을 간직할 수 있다.

둘째, 하나님을 찬양하라는 명령은 하나님께서 활동하시는 깊이와 넓이에 대해 성찰하도록 만든다. 하나님을 찬양하라는 말은 그냥 하는 말이 아니다. 찬양받기에 합당하시기에 마땅히 선포된 말씀인 것이다. 시편 저자는 "할렐루야"로 시작하는데, 히브리어 어근 할렐(Halel)은 감사와 명예, 존경이 스며있는 말이다. 존재하는 것들은 그 자체로 경탄을 자아낸다. 하나님의 경이로운 창조 사역은 그 자체로 "할렐루야"가 된다.

이 넓은 우주를 보라. 얼마나 넓고 광활한가! 우리는 지금 태양이라는 별 하나가 있는 태양계에 산다. 태양과 같은 별이 20~40억 개가 모인 것을 성운이라고 하는데, 우주에는 그런 성운이 500억 개가 있다. 지금까지 우리에게 알려진 우주의 끝에서 끝까지를 횡단하는 데는 빛의 속도로 달려가도 150억 년이 걸린다. 무한하다는 인간의 상상력이 따라갈 수 없는 크기다. 더 놀라운 것은 그런 우주가 한 점으로부터 발생했고, 그 이전에는 아무것도 없었다는 것이다. 그리고 지금도 우주는 점점 더 커지고 있다. 그런데 이 끝에서 우주 저 끝까지 그렇게 먼데도 저 끝에 있는 작은 입자가 이 끝에 있는 작은 입자와 동시에 소통할 수 있다고 하니 도무지 우주의 신비는 도대체 알 길이 없다. 우리가 매일 보는 저 태양만 해도 놀랍다. 태양은 우주에서 평균 정도의 크기와 강도를 지닌 별인데, 초마다 400만 톤이 넘는 물질을 소모하고 있으며, 앞으로도 60억 년 더 타오를 것이다.

우리가 사는 지구로 들어와 보자. 인간이 하찮게 여기는 개미는 자기 몸무게의 50배를 들 수 있다. 벌은 1초에 약 200번 넘게 날개짓을 한다. 비행기는 안전한 이륙을 위해 거의 5킬로미터의 활주로를 달려야 하는데 대부분의 새들은 살짝 점프만 하고 바로 날아오른다. 그러나 새가 불시착했다는 말은 들어본 적이 없다.

우리의 몸도 신비이다. 성인 한 사람의 몸은 약 100조 개의 세포로 이루어져 있는데, 각각의 세포는 서울시보다 훨씬 더 복잡하다. 우리의 심장은 멈추지 않고 일하고, 그렇게 수십 년을 쉬지 않는다. 우리의 신경은 순식간에 몸 전체로 퍼지는데, 가는 동안 전혀 손실이 없다.

이렇게 창조 세계는 무엇이든 경탄과 찬양의 터가 된다. 말벌의 독한 방울, 저 해변과 사막에 펼쳐 있는 모래알, 소용돌이치는 전자, 고요한 침묵의 순간, 100년 동안 창문 유리를 끌어당겨 위보다 더 두툼한 아래를 만들어내는 중력의 힘, 어린아이의 웃음, 노인의 모험! "할렐루야!"가 스며들지 않은 존재는 없다. 미묘한 것과 일상적인 것, 보이는 것과 보이지 않는 모든 것에서 우리는 "할렐루야"를 외쳐야 한다. 그래서 아메리카 원주민들이 이렇게 말한 것이다. "항상 배우라. 가르치지 말라"(Always Learn, Never Teach) 신앙인인 우리는 또 이렇게 소리 질러야 하리라. "할렐루야! 하나님 곁에서, 주님 곁에서 늘 찬양하고 찬양하라. 손짓하며 발 구르며 온몸으로 노래하라!"

서신서 말씀 | 골 1:15-20

"그는 보이지 아니하는 하나님의 형상이시요"

지혜문학의 여러 말씀들을 통해 신앙인들은 창조된 모든 것 안에서 하나님의 지혜의 숨결을 느끼고 알아차릴 수 있다는 것을 배웠다. 골로새서의 말씀은 모든 만물에 앞서 창조된 지혜 찬가를 빌어 예수 그리스도의 의미를 설명한다. 즉 예수 그리스도는 보이지 않는 하나님의 보이는 대리자이시며, 하나님은 그를 통해 또한 그를 위하여 이 세상에 있는 모든 것과 모든 보이지 않는 것들과 하늘의 세력인 천사들과 땅의 세력인 모든 통치자를 창조하신다. 또한 하나님은 예수 그리스도를 통해 세상을 창조하는 사역을 하실 뿐만 아니라, 죄로 말미암아 깨진 모든 우주적 분열을 치료하신다. 예수 그리스도는 창조와 구원을 모두 행하시는 분이시다.

바울 사도는 "골로새에 있는 성도들"(1:2)에게 편지하며, 그들을 "그리스도 안에서 신실한 형제들"(1:2) 이라고 부른다. 여기서 바울이 생각하는 그리스도는 바로 우주의 창조와 세상의 구원을 이루시는 분이며, 그렇기에 편지의 수신자들은 가족과 인종, 민족과 계급, 국적이나 성별을 떠나 바로 예수 그리스도 안에 존재하는 것으로 자신의 정체성을 삼아야 한다.

그런데 골로새 교회는 도망쳐 나왔던 종 오네시모와 그의 주인이었던 빌레몬, 아킵보, 압비아 등이 함께 모이는 교회이다(몬 1:1-2, 8-21, 골 4:9, 17). 즉 골로새서는 로마제국의 사회경제적 유지체제로서의 노예 제도와 초기 그리스도교 공동체가 이것을 어떻게 극복하고 있는지에 대한 맥락에서 읽어야 한다.

로마제국에서는 죽은 황제와 살아있는 황제마저 신으로 떠받들려는 황제 숭배가 일상적이었고, 도처에 황제의 신상이 세워지고, 동전에는 황제의 형상이 새겨져 있었다(막 12:15-16). 그런데 바울은 예수를 "보이지 아니하는 하나님의 형상"이라고 쓴다(골 1:15). 자신의 혈통을 통해 '신의 아들'로 불리며, 황제의 탁월한 능력이 사회경제적, 정치적, 군사적 제도에 속속들이 스며 있고, 황제 숭배 이데올로기로 모든 법을 짜고 삶의 일거수일투족을 제어하는 구조 속에서 바울은 그리스도가 "모든 창조물보다 먼저 나신 자"(골 1:15)라고 말하면서, 그에 의해 모든 것들이 창조되었기에, "왕권들", "주권들", "통치자들", "권세들"이 그의 다스림에 복종해야 한다고 말한다(골 1:16).

골로새 교회에 모여서 예수 그리스도야말로 하나님의 형상이며, 만물보다 먼저 계신 분이시며, 만물의 으뜸이라고 고백하는 사람들은 로마 황제가 지금 하는 일들이 전부 하나님의 자리를 찬탈한 것이라고 생각했을 것이다. 바울은 이 사실을 분명히 하는데, "새롭게 꾸려지는 에클레시아, 진정한 의미에서 모든 시민의 모임(民會)인 교회는 예수 그리스도의 몸이고, 또 예수는 자기 몸의 머리이시다." 진정한 의미에서 하나님의 아들이 로마 황제가 아닌 예수 그리스도시라면, 이제 교회는 로마제국을 대체할 유일한 공동체가 된다.

로마제국은 언제나 자신이 이룬 위대한 업적과 성취를 근거로 자기를 뽐내고 드러내며, 로마가 이룬 평화(Pax Romana)라고 선전했다. 그러나 제국 아래서 신음하던 이민족들에게 그들의 평화와 업적은 무자비한 폭력에 의한 약탈이었다. 로마에게 식민 지배를 받았던 스코틀랜드의 장군 칼가쿠스는 로마제국에 대해서 이렇게 묘사한다.

이 세상의 약탈자들이 초래하는 참혹함은 땅이 쫓아가지 못할 정도이며, 그들은 바다까지 뒤진다. 만일 그들의 적이 재물을 갖고 있으면 그들은 탐욕스러우며, 만일 그들의 적이 가난하면 그들은 야심이 있다. 동방과 서방이 그들의 배를 채워주었고, 그들은 사람을

한결같이 욕정의 눈으로 바라보았다. 그들은 약탈, 살육, 강탈을 제
국이라 부르고, 폐허로 만드는 것을 평화라 부른다.(존 도미닉 크로
산,《역사적 예수》, 111)

예수의 십자가는 제국의 잔인함을 뒤집고 스스로 자신을 내어주고 섬
기는 방식으로 세상에 진정한 평화와 화해를 가져온다. 만물의 으뜸이
되어야 하는 자는 바로 예수 그리스도와 같이 십자가의 피로 땅에 있는
것들이나 하늘에 있는 모든 것들과 화평을 이루신 분이어야 하는 것이
다. 바울 사도는 예수 그리스도께서 보여주신 화해의 사역을 우주적 차
원으로까지 밀어붙인다. 예수 그리스도의 십자가 사건은 제국과 피지
배국 사이에서 벌어진 단순한 처형 사건이 아니라, 하늘과 땅 우주 전
체를 화목하게 하는 사건인 것이다.

그리스도인이 된다는 것은 이 우주적 사건을 받아들이는 것이며, 실
로 모든 인간이 이 복음의 소식을 수용해야 진정한 이 땅의 평화, 우주
적 상생과 공존이 가능한 것이다. 그래서 바울 사도는 자신이 예수 그리
스도를 전파하여 각 사람을 권하고 모든 지혜로 각 사람을 가르쳐 그들
전부를 그리스도 안에서 완전한 자로 세우려 한다고 고백한다(골 1:28).

기후 변화와 위기를 넘어서서 기후 붕괴와 기후 재앙의 소식들이 전
세계적으로 들려오는 이 때에 예수님을 주님으로 모시고 모든 통치자
가 가짜 주님이라는 것을 폭로하는 신앙인들은 이제 자연과 사람을 망
치는 자본주의 제국의 노예가 아니라 하나님 나라의 주인이 되어야 한

다. 제 하나만을 구원하는 사람이 아니라, 창조 세계 전체를 돌보려는 우주적 관점을 지녀야 하며, 주님 예수의 제자로 사는 날까지 십자가의 길을 걷겠다는 다짐을 해야 할 것이다. 이것이 예수 그리스도야말로 보이지 않는 하나님의 형상이라는 한마디 신앙고백에 담긴 의미이다.

복음서 말씀 | 요 6:41-51

"나는 하늘에서 내려온 살아 있는 떡이니 사람이 이 떡을 먹으면 영생하리라. 내가 줄 떡은 곧 세상의 생명을 위한 내 살이니라 하시니라."

요한복음 6장은 크게 네 부분으로 나뉘어 있다. 오병이어 기적 이야기(1~15절), 물 위를 걷는 기적 이야기(16~21절), 하늘에서 내려온 생명의 떡에 관한 계시 담론(22~59절), 그리고 제자들의 떠남과 베드로의 고백 이야기(66~71절)이다. 여기에서 오병이어의 기적과 물 위를 걷는 기적은 네 복음서에 모두 들어 있다. 그리고 예외 없이 하나의 연결된 이야기처럼 묶여서 나온다. 아마도 예수 이야기를 전한 이들은 예수께서 오천 명을 먹이시고 호수를 건너가 다른 장소에서 또 다른 기적을 행한 것이라 생각했을 것이다. 요한복음 6장 전체를 보았을 때, 언뜻 보면 바다 위를 걸으신 이야기가 생명의 떡을 이야기하는 흐름을 깨는 것처럼 보인다. 그러나 하나님의 영이 수면 위에 운행하셨던 태초의 이야기(창 1:1)를 떠올려 보면 예수께서 물 위를 걸으신 기적 이야기는 오병이어의 기적 이야기를 단순히 육신의 필요를 위한 급식 기적 이야기로만 보지 않게 하는 역할을 한다. 주님 예수는 바다 위를 걸으신 후 오병이어 기적이 지니는 영적 의미를 본격적으로 증언하시기 때문이다.

공관복음에서 오병이어 기적 이야기는 하나님 나라의 놀라운 현실을 보여준다. 목자 없는 양 같은 무리(막 6:34)를 먹이신 사건은 광야의 백성을 만나와 메추라기로 먹이신 하나님을 떠올리게 한다. 억압의 땅에서 나와 약속의 땅 가나안으로 이끄시는 하나님의 장대한 구원 사역은 불모지의 광야에서조차도 푸짐하게 먹고 마시는 은총의 경험을 누리게 한다. 광야의 만나 사건의 재현(요 6:31)으로서 예수의 밥상 공동체는 그 누구도 배제되지 않고 함께 둘러앉아 누리는 생명과 평등의 공동체이다. 이처럼 공관복음에서 오병이어의 기적은 하나님 나라를 드러내는 사건이 된다. 그런데 요한복음에서 오병이어 기적 사건에는 샛길로 흘러버린 부작용에 대한 경고가 첨가된다. 오병이어 사건을 경험한 이들이 예수를 억지로 잡아 왕으로 세우려 하고, 예수님은 이것을 피해 혼자 떠나셔야 했다(6:14-15). 육체적 풍요가 탐욕적인 권력 지향의 모습으로 왜곡되는 것이다. 사람들은 또 배불리 먹기 위해 예수를 추종하려 하지만 예수께서는 진정한 생명은 하늘에서 내려오는 하나님의 떡이고, 떡이어야 한다고 설교한다(6:35-41). 유대인들은 이 설교를 이해하지 못한다(6:41-42). 니고데모가 하나님의 영을 통해 위로부터 거듭나야 한다는 것을 깨닫지 못하듯, 유대인들은 생명의 떡인 예수를 모른다. 예수의 정체성을 두고 유대인들은 다투고, 먹기 위해서만 온 자들은 제자를 자처했지만 결국 모두 떠나간다(6:35-66).

요한복음 저자는 6장 이야기를 통해 구약의 유월절을 다시 상기시키면서 새롭게 해석한다. 출애굽에서 시작된 유월절이 하나님에 의해 생명을 얻어 약속의 땅 가나안으로 가는 표상을 갖는다면, 새 유월절은 하나님의 계시인 예수를 통하여 영원한 만나를 먹음으로 영생을 얻는다는 것을 의미한다. 요한복음의 오병이어 기적 사건은 기적 그 자체보다 이 기적을 통해 예수의 본질을 다시 한번 상기시키려고 하는 것이다.

예수라는 생명의 떡은 모세가 준 만나처럼 또다시 배고픔이 오는 그런 것이 아니다. 예수는 생명을 주시는 하나님으로부터 왔기에 하나님과 같이 생명을 주시는 분이며 예수와 하나가 되지 않고서는 하나님의 생명을 얻을 수 없다. 참 생명을 얻는 유일한 길은 하나님으로부터 온 생명이신 예수를 받아들이고 그와 하나가 되는 것이다. 이제 예수의 제자들은 생명의 더 깊은 차원으로 나아가야 한다. 예수께서 열두 제자에게 "너희도 가려느냐?"라고 물었을 때, 베드로는 훌륭한 대답을 하였다. "주여, 영생의 말씀이 주께 있사오니 우리가 누구에게로 가오리이까?"(요 6:67-68)

21세기 현대인들은 자연과학적 세계관 안에서 태어나고, 과학기술의 세례를 받아 믿음을 형성한다. 반복되는 실험과 관찰에 의해 높은 예측 가능성이 생성될 때에만 신뢰를 보낸다. 그러나 이 모든 것은 기본적으로 다 눈에 보이는 것들, 기존에 있는 것들에 의존한다. 사물들의 배열과 그것에 대한 직접적 감각이 중요시된다. 그러나 영적 믿음의 세계는 의미로 충만한 세계이며, 보이지 않는 것, 길고 느린 것, 세미한 변화를 감지해야 한다. 왜냐하면 하나님은 없는 것을 만드시는 분이시기 때문이다. 자연과학적 세계관은 우주에서 재료를 분석하고 운행하는 법칙을 발견하려 한다. 태양은 약 75%의 수소와 약 25%의 헬륨이 핵융합반응을 일으켜 거대 에너지를 만들어내는 행성이라고 설명하는 것과 같다. 그러나 이것이 태양의 전부인가?

우주 전체를 깊이 생각해 보는 일, 그 안에서 하나님의 길고 광대한 섭리를 찾는 일, 우리들이 어떻게 살면 좋은가를 고민해보고, 삶의 의미를 찾고 재확인하는 길은 하늘에서 내려온 생명의 떡으로만 가능한 것이다. 배부르기만을 탐했던 이들은 결코 예수의 제자가 될 수 없다. 더 깊은 곳으로 나아가야 한다.

우주의 비밀을 파헤치려는 자연과학적 앎의 추구는 인간에게 있어서는 본능의 한 부분일 것이다. 그러나 그런 과정에서 우리를 둘러싼 우주는 한낱 도구로 여겨졌고, 그것이 다시 우리의 생명을 위협하는 지경에 이르게 되었다. 우주의 의미 앞에 겸손하지 못한 인간의 죄다. 땅의 것만을 생각하는 이들에게 하늘에서 내려온 살아 있는 떡은 별 효용가치가 없어 보일지 모른다. 그러나 현대 인류는 자기를 되돌아 보아야 한다. 그리고 깨달은 자는 베드로의 신앙고백을 해야 한다. "주여! 영생의 말씀이 주께 있사오니, 우리가 누구에게로 가오리이까?"

한문덕 목사(생명사랑교회)

천년만년 흐르는 강

에스겔 47:1-12, 시편 104:27-33, 요한계시록 22:1-5, 요한복음 7:37-44

구약의 말씀 | 겔 47:1-12

"이 강물이 이르는 곳마다 번성하는 모든 생물이 살고 또 고기가 심히 많으리니, 이 물이 흘러 들어가므로 바닷물이 되살아나겠고, 이 강이 흐르는 각처에 모든 것이 살 것이며."

강원도 태백시에 '황지못'이 있다. 겉보기에는 그냥 평범하다. 그곳에서 쉴 새 없이 솟아오르는 샘물은 남해바다까지 525km 낙동강의 시작이다. 태백시에는 '검룡소'라는 자그마한 웅덩이가 있다. 여기서 솟는 물이 514km를 흐르는 한강으로 된다. 황지못이나 검룡소는 아주 작다. 그런 곳에서 시작한 샘물들이 우리 국토를 서로 남으로 관통한다. 이를 보니 윤석중 선생이 작사하고 전석환 선생이 작곡한 〈돌과 물〉이란 동요가 생각난다. 그 노래 2절이다.

도랑물 모여서 개울물, 개울물 모여서 시냇물, 시냇물 모여서 큰 강물, 큰 강물 모여서 바닷물

인류문명은 어디서 시작되었는가? 강가에서다. 이집트 나일강, 메소포타미아 티그리스와 유프라테스강, 인도 인더스와 갠지즈강, 중국 황하강 등 세계 4대문명이 모두 강변에서 일어났다. 위와 같은 문명의 발상지만 보더라도 사람과 강과 문명·문화는 떨래야 뗄 수 없는 관계에 있다. 현대에도 우리는 라인강의 기적, 한강의 기적 등 대표적인 경제부흥을 강 이름과 연결시키곤 한다.

성경에서 처음 언급되는 강은 에덴동산에서 시작된다(창 2:4-10). 거기서 발원된 4개의 강은 고대 근동 지역의 생명체를 살렸다. 예언자 에스겔은 에덴동산의 그 이미지를 가끔 떠올렸다(겔 28:13, 31:9, 18). 지금 그는 하나님의 영에 이끌려 바벨론 포로기 이후 재건될 이스라엘의 모습을 그려낸다(겔 40-48장). 그 가운데 47장은 재건된 성전에서부터 흘러나오는 강물에 관한 것이다.

성전 문지방에서 흘러나온 물은 동쪽으로 흐르다가 성전 오른쪽 제단 남쪽으로 흘렀다. 예언자는 그 물의 흐름에 따라 성큼성큼 걸어갔다. 물이 발목까지 잠기는 곳에서 500미터쯤 더 가자 물은 무릎까지 차오른

다. 거기서 500미터를 더 가니 물은 그의 허리에 이른다. 2km 지점에 이르자 깊어서 '사람이 능히 건너지 못할 강'이 되었다. 강둑에 올라보니 양쪽에 '나무가 아주 많았다.' 에스겔을 안내하던 자는 성전에서 나오는 신선한 물은 동쪽 사해 바다로 흘러 들어가 저주받아 죽어 있던 그 지역을 지중해처럼 물고기가 풍성한 곳으로 변화시킬 것이라고 에스겔에게 말했다(8-10절). 강가 나무들은 기적적으로 달마다 새 열매를 맺을 것이며 사시사철 먹을 것과 치유를 위한 약재료를 내리라고 했다(12절).

사그라다 파밀리아 성당(스페인 바르셀로나) 건축공사 중 기계에 깔려 죽은 도마뱀을 기억하며, 안토니오 가우디가 성당 탑에 부착한 작품. 인간이 건설하는 건물, 도로, 공원 등 모든 공사 현장에는 동료 피조물의 죽음이 뒤따른다.

비록 양상은 다르더라도 이것은 에스겔 37장에서 죽은 뼈들이 다시 살아나는 장면을 생각나게 한다. 하나님이 불어넣으신 생기가 사방으로부터 와서 죽은 사람들을 되살아나게 했듯이, 성소로부터 흘러나온 물이 죽은 땅과 강과 바다를 되살아나게 하고, 그 결과 동식물들도 되살아나는 것이다. 예언자 에스겔은 성전 동쪽 앞문의 문지방에서 물이

나오는 것을 보았다. 이와 비슷한 장면이 슥 14:8과 욜 3:18에도 있다. 예언자 스가랴는 '예루살렘'에서, 예언자 요엘은 '여호와의 전'에서 각각 생명수가 흘러내리는 것을 보았다.

이 세상에 물이 없다면 생명체도 없을 것이다(창 2:5 참조). 더러운 것들은 웬만하면 물로 다 씻어낼 수 있다. 만일 물이 더러워지면 그 무엇으로 깨끗하게 할까? 이렇게 귀중한 물이 사람의 지나친 행동으로 인해 점점 부족해지거나 오염되고 있다. 오늘날 기후변화의 한 축에 물이 있다.

'강' 하면 무엇이 떠오르는가? 놀이터(유원지), 생업의 터전(어업)과 장터, 뱃길(교통로), 포구에서 이루어지는 이별·만남, 재기의 기회를 기다림(옛 중국의 강태공, 유종원) 등이 생각난다. 이것들은 인간 중심으로 강을 바라보는 것이다. 그럴 때 강은 즐김·이용의 대상이다.

그것이 다일까? 예언자 에스겔은 강을 하나님이 공급하시는 생명의 젖줄로 묘사한다. 성전에서 흘러내리는 생명수가 동쪽으로 흘러 흘러 요단강에 이르렀다. 그 강물은 다시 저지대인 아라바 광야로 흘렀다. 거기에는 사해 곧 죽음의 바다가 있다. 그 일대는 황무지요, 사람을 비롯한 생명체들이 살기 어려운 지역이다. 거기에 이른 구원의 물은 드디어 '이젠 죽었다'고 절망하는 생명체에게 흘러갔다.

하나님께서 흘러나오게 한 그 물은 성전 문을 넘어 땅과 세상 너른 곳으로 흘러가며, 이르는 곳마다 생명이 되살아나게 한다. '이 강이 이르는 각처에 모든 것이 살 것'(9절)이다. 9절의 강조점은 '모든 것'에 있다. 강물이 흐르는 모든 곳, 강물과 접촉하는 모든 것이 다 하나님께서 예비하신 생명을 얻었다. 심지어 죄와 탐욕과 죽음을 상징하던 사해바다마저도 하나님께서 흘려보내신 강물과 접촉하더니 살아났다. 온갖 생물이 번성하며 살아났다. 물고기 하나 찾아보기 어렵던 죽음의 바다에 수많은 물고기가 바글바글했다. 참으로 놀라운 광경이다! 생태친화적인 사람은 바로 이런 회복·재생을 꿈꾸며 행동한다.

시편의 찬양 | 시 104:27-33

"주의 영을 보내어 그들을 창조하사 지면을 새롭게 하시나이다."

하나님은 지구촌을 여러 종류의 생명체가 공존하는 공동의 집으로 창조하셨다. 여기에는 여러 종류의 동물들이 사람과 함께 살아간다. 시인은 시 104:1-26에서 그 창조주 하나님을 찬양한 다음 27-35절에서 창조세계를 살피며 보전하시는 하나님을 찬양한다.[*] 시 104:29-35에는 창조세계의 위기가 살짝 언급된다. 시인은 하나님의 창조세계 안에서 살아가며 겪는 한숨과 시름을 은근하게 담았다. 비록 매우 절제된 언어로 표현했더라도 그 안에는 어두운 그림자가 배어 있다. 그는 한편으로

---

[*] 시편 104편의 짜임새는 다음과 같다. 1. 창조의 첫걸음(104:1-4; 창 1:1-8 참조); 2. 땅의 기초(104:5-9; 창 1:9-10 참조); 3. 샘물의 솟음(104:10-13); 4. 풀과 채소와 나무(104:14-18; 창 1:11-13 참조); 5. 달과 해(104:19-23; 창 1:14-19 참조); 6. 바다와 물고기(104:24-26; 창 1:20-23 참조); 7. 모든 사물이 창조주 하나님을 대망함(104:27-30; 창 1:29-30 참조); 8. 주께서 내 노래를 기쁘게 여기시기를 원함(104:31-35)

창조주 하나님의 권위와 능력을 신뢰하고, 다른 한편으로 창조주의 뜻을 정면으로 거스르는 사람들로 인한 혼란을 탄식한다.

인간은 생태계와 관련하여 안타깝게도 호모 사피엔스(*Homo sapiens*)가 아니었다. 호모 라피엔스(*Homo rapiens*)였다. 이 두 낱말은 단지 스펠링 하나밖에 차이가 나지 않는데도, 그 행태가 정반대다. 곧 폭력(rape)을 일삼는 폭력 덩어리(rapicious)였다. 사자같이 사나운 맹수라도 인간만큼 폭력적이지는 않다. 이것이 인간을 자연의 일부로 보는 스피노자를 멀리하고, 자연의 주인이자 소유자(maîtres et possesseurs de la nature)로 보는 뉴턴-데카르트의 세계관에 심취한 결과다.

피조물이 신음하는 현실, 그것이 다일까? 아니다. 창조주 하나님은 신음하는 인간에게도 회복탄력성을 주셨다. 생태계는 어떤가? 인간이 생태계를 망가뜨리면 생태계의 생명도 끝나는 것일까? 아니다. 자연 세계의 회복탄력성은 이미 널리 알려진 바 그대로다.

사람의 목숨은 비록 만물의 영장이니 자신이 곧 우주니 지금 시대가 인류세(Anthropocene)니 라고 외치더라도 하나님께서 숨을 거두어가시는 순간 끊어진다(29절). 그렇더라도 하나님의 창조 활동은 계속 이어진다. "주의 영을 보내어 그들을 창조하사 지면(세상)을 새롭게 하시나이다"(30절) 창 1:2, 2:7을 이어받은 이 말씀은 하나님의 창조사역이 '태초에' 단 한 번으로 종결되지 않고 오늘날까지 그리고 앞으로도 쭉 계속된다는 것이다(*creatio continua*). 그 모습을 전하는 시 104:29-30을 직역하면 다음과 같다.

주님 얼굴 숨겨지면

공포가 그들을 사로잡습니다

주께서 숨 거두어가시면

그들 끝장나고

자기들의 먼지로 되돌아 갑니다

주께서 성령 보내시면

그들은 새로 창조됩니다

그렇게 주님은 세상의 얼굴 새롭게 만드십니다.

성령님이 새로운 창조를 이루시는 분이요, 만물을 새롭게 하시는 분이다. 성령님은 세속화의 물결에 젖은 우리의 존재 자체 또는 그런 의식구조를 걷어가신다. 그리고 생태계가 신음하는 말 없는 소리에 귀 기울이며 '조금만 더 천천히, 조금만 더 불편하게, 여름철엔 조금만 더 덥게, 겨울철엔 조금만 더 춥게' 살아가는 생태 친화적인 인간을 새로 탄생시키거나 기존의 사람을 새로운 피조물로 변화시키신다. 성령님은 새로운 인간이 탄생하게 하시거나 이미 태어나 살고 있는 인간도 거듭나게 하신다.

성령님은 이렇게 사람과 신앙공동체를 성화시키신다. 바로 그 성령님 안에서 계속되는 창조사역(지속적인 창조활동, 창조세계의 보전)이 하나님을 경외하는 사람들을 통하여 자연스럽게 이어진다. 그들의 기도와 활동에는 '야웨의 영광이 영원히 계속'(31절)되기를 바라는 심정이

깃들어 있다.

성령님은 우리를 지속적인 창조 활동으로 부르신다. 우리를 생태 친화적인 사람이 되라고 부르신다. 그런 사람은 지구촌에 함께 사는 존재 하나하나가 제각각으로 그리고 공동체로 존재 의미와 가치가 있음을 받아들인다. 그런 사람은 《장자》가 "만물은 도(道)의 관점에서 본다면 똑같이 가치(등가)가 있다"라고 하며 만물제동(万物齐同)를 외친 것에 주목한다. 생태 친화적인 인간으로 거듭나고픈 우리는 기도드린다.

창조주 하나님,

저의 마음을 주님께 들어 올립니다.

제가 봄의 부드러운 바람과 꽃들,

여름의 장마,

가을 하늘의 구름들,

겨울의 찬서리를

산과 들과 강과 바다를

제 주변의 이런 저런 사람을

주님의 메시지로 알아듣도록 일깨워 주세요.

주께로 향하고자 저는 밤낮, 사시사철,

미생물에서 곤충으로, 파충류에서 포유동물로 눈길을 향합니다.

그 하나 하나를 만날 때마다 저를 주님 안으로 불러들여 주세요.

제가 푸른 하늘에서 작열하는 태양을 향해,

갖가지 신비한 모양으로 하늘에 수놓는 구름을 향해

기쁨에 차 춤출 수 있게

제 마음속에 희망의 씨앗을 심어주세요. 아멘.

"또 그가 수정같이 맑은 생명수의 강을 내게 보이니 하나님과 및 어린 양의 보좌로부터 나와서 길 가운데로 흐르더라. 강 좌우에 생명나무가 있어 열두 가지 열매를 맺되 달마다 그 열매를 맺고, 그 나무 잎사귀들은 만국을 치료하기 위하여 있더라."

지금은 우주항공 시대다. 사람들은 무슨 까닭에 달이나 화성 등 우주를 탐사하는가? 그 이유들 가운데 하나는 그런 곳에서 지구촌을 대체해 살만한 곳을 찾을 수 있을까 하는 기대감이다. 그러면서 사람들은 과연 그곳에도 물이 있느냐에 관심을 기울인다. 왜 그럴까? 만일 거기에 물이 있다면 생명체도 있을 수 있기 때문이다.

강은 물이다. 물은 생명의 젖줄이다. 어떤 생명체든 물이 없이는 살 수 없다. 황량한 사막도 물이 흐르면 옥토로 되고, 비옥한 땅이라도 물이 마르면 사막과 진배없다. 우리 몸의 약 65~70%는 물이다. 그 가운데 골 49% 근육 76% 혈액 79% 임파액 96%가 물이다. 심하게 말하자면 사람은 커다란 물주머니다. 우리 몸에서 수분 1~2%만 잃어도 심한 갈증을 느끼고, 5% 정도 잃으면 거의 혼수상태에 빠지며, 12%를 잃으면 생명을 잃는다. 사람만이 아니다. 토마토 90% 사과 85% 감자 76% 어류 75% 빵 33% 방사충류 99% 해파리 96% 세균 81% 등 대부분이 다 물주머니다. "현대인의 질병 가운데 3분의 1이 수분 불균형에서 온다"라고 할 정도로 물의 역할이 크다.

성경은 하나님의 은혜에 관해 언급할 때 물과 연결시키곤 한다. 요한계시록도 그 가운데 하나다. 이를 기록한 사도 요한은 창세기(2장)와 에스겔(47장) 등 성경에 면면히 흐르는 생명 살림의 전통 위에 서 있다. 예언자 에스겔은 하나님께서 성전에서부터 흘러나오는 강을 보았다면, 사도 요한은 하나님과 어린 양의 옥좌에서 발원하는 생명수 강을 보았다.

또 그가 수정같이 맑은 생명수의 강을 내게 보이니(계 22:1)

수정같이 맑다는 말이 무슨 의미일까? 어린 시절 밤하늘을 바라보면 수정같이 맑은 달빛과 별빛이 보였다. 은하수가 맑고도 맑게 보였다. 다시 말해 수정같이 맑은 물이란 공해 없는 아주 청정한 생명의 물이다. 이 말씀은 사람들이 모여 사는 밀집된 도시 한복판에 공해 없는 강이 흐른다는 뜻이다. 이것이 요즘같이 거의 날마다 잿빛이라 구름조차 제대로 보이지 않거나 보이더라도 그 오묘한 모습을 감추어버린, 은하수가 보이지 않는 하늘 아래 사는 우리의 소망이요, 이상이다. 그 강은 하나님과 어린양의 보좌로부터 나와 그 도시 넓은 거리 한가운데로 흐른다.

강 좌우에 생명나무가 있어 열두 가지 열매를 맺되 달마다 그 열매를 맺고 그 나무 잎사귀들은 만국을 치료하기 위하여 있더라(계 22:2)

사도 요한은 수정같이 맑은 강물을 보았다. 강물은 흘러야 강물이다. 4대강 보처럼 그것을 가두어놓으면 녹조가 생긴다. 사도 요한은 수정같이 맑게 흐르는 강물을 바라보며 생명을 보았다. 강가에 선 나무들을 바라보며 치유를 느꼈다. 그가 이렇게 느낀 이유가 무엇일까? 그것은 그것들을 만드신 하나님께서 그것들 속에 생명과 치유의 요소를 담아놓으셨기 때문이다. 그러나 이해관계에 눈이 먼 사람에게, 자기중심으로 인생과 세상을 바라보는 사람에게도 이런 것이 보일까? 그들에게는 아마 그렇지 않으리라. 그들의 눈에는 강도 숲도 돈으로만 보인다. 그들은 물을 수자원(水資源)으로만 보며 기회를 엿보다 파괴시키곤 한다.

십자가의 성 요한(1542–1591)이 쓴 〈영혼의 노래〉(cantico espiritual)의 한 대목이다.

신부
내 사랑을 찾으며, 이 산들과 물가로 나는 가리라.
꽃들을 꺾지도 않고 들짐승을 무서워함도 없이,
나는 힘센 이들 경계선을 넘어가리라
아아 님의 손에 심어진 숲과 덤불들이여,

아아 울긋불긋 꽃들 피고 푸르싱싱한 풀밭이여,
내 님이 너희 사이로 지나가셨는지 알려다오

피조물의 말
그분은 일천 가지 은혜를 흩뿌리면서,
이 숲들을 지나 총총히 가시었소.
그분은 지나시면서 그들을 쳐다보셨으니
그렇게 얼핏 바라보심만으로도
아름답게 그들에게 옷입혀 주시었소...

신부
내 님은 뫼 뿌리들, 외딴 곳 숲 우거진 골짜구니들,
묘하디 묘한 섬들과 소리 내며 흐르는 시냇물들,
사랑을 싣고 오는 휘파람소리.

이슥 조용한 밤, 동녘 새벽의 어름, 소리 없는 음악,
소리 있는 맑은 고요. 즐겁고 황홀스러운 저녁 잔치...
죽음의 삭풍아 너는 멎거라.
마파람아 사랑을 일깨우는 너만 오너라.
아름다운 내 동산에 너는 불어서, 그 꽃내음이 풍기게 하라 ...
아아 '후데아' 의 '님파' 들이여,

꽃들과 장미나무에,

용연향이 향내를 풍길 제 성문 밖에 머물러들 있거라.

우리네 문지방일랑 스칠 염도 먹지마라.

오늘날을 이끄는 화두는 생명이다. 지난날 인권 민중 해방이란 말들이 화두였다면 지금은 생명 살리기와 생명 존중이 그 자리에 앉아 있다. 요한계시록은 그런 것을 아주 잘 보여준다. 요한계시록 21장에는 생수의 강 양쪽에 열두 나무가 자라, 시냇가의 나무가 시절을 좇아 열매를 맺듯이, 사시사철 과실을 내는 모습이 나와 있다.

세상에는 강이 있기에 더욱 아름답다. 마을과 마을 사이에는 강이 흐르기에 더욱 평화롭다. 물이 있는 곳은 촉촉하고 부드럽다. 강(물)은 모든 종교·사회에서 상징적인 가치로 표현된다.

성경에서 물은 매우 다양한 의미를 지닌다. 에덴동산의 물(강물)은 생명살림과 풍요를, 노아 시대의 물은 단죄와 재창조를, 세례식의 물은 거듭남(새로운 탄생)을 가리킨다. "진실로 진실로 네게 이르노니 사

람이 물과 성령으로 나지 아니하면 하나님의 나라에 들어갈 수 없느니라"(요 3:5)

절(법당)에 모신 관음보살(미륵보살)의 손에는 정병(淨瓶)이 들려있다. 감로수를 담는 그것은 중생의 고통·목마름을 없애준다. 《무량수경 无量寿经》에 따르면 부처님이 머무는 불국토에는 "목욕할 수 있는 호수가 아주 많고, 그 호수에는 여덟 가지 행복과 영험을 지닌 물이 철철 넘치고 맑은 향기가 풍겨 마치 감로수와 같은 느낌이다. 거기서 목욕을 하면 몸과 마음이 상쾌해지고 환희가 넘쳐 마음의 때가 말끔히 씻긴다"라고 한다. 힌두교도들은 갠지즈강에서 목욕재계를 하면 모든 죄에서 벗어날 수 있으며, 죽은 뒤 그 물에 뼛가루를 뿌리면 극락왕생한다고 믿는다. 민속신앙에서도 물(정화수)은 재앙을 쫓아내고 복을 불러오는 것으로 여겨진다.

강은 내륙에 흐르는 물길들 가운데 비교적 규모가 제법 큰 것을 가리킨다. 그것보다 작거나 강으로 합류하는 시냇물은 천(川) 또는 내라고 부른다. 순우리말로 강은 '가람'이다. 한자 강(江)은 본디 중국 장강(양쯔강)을 가리키다가 의미가 확대되어 지금은 큰 하천을 모두 통칭하는 낱말이 되었다. 우리나라에는 강과 그에 연결된 하천이 참 많다. 2014년을 기준으로 그 숫자는 국가하천 62개 지방하천 3,773개이며 소하천까지 하면 이보다 훨씬 더 늘어난다.

강은 단절(경계선)과 교류를 동시에 상징한다. 인간은 강을 따라 나라를 나누거나(국경선) 지역 또는 방어선을 설정했다. 요르단강이나 스튁스강, 삼도천(三途川), 황천은 산자와 죽은자 사이를 가르는 상징으로 쓰인다. 루비콘강처럼 강을 건너는 행위가 어떤 돌이킬 수 없는 결정을 상징하기도 하고, 배수진처럼 퇴로를 없는 전투를 가리키기도 한다.

요 7:37-38은 생명의 빛남과 존중을 향해 우리를 부르시는 예수님의 초청장이다. 초청을 받는 일은 언제나 반갑고 좋다. 초청은 '저 사람이 나를 기억하는구나. 저 사람에게 나는 중요한 사람이구나. 오늘 나는 저 사람에게 주인공이 되는구나.'라는 느낌을 받게 한다.

예수님의 초청은 매우 특별하다. 그것은 절망·혼돈·흑암에 묻혀 사는 사람에게 희망과 구원을 얻게 하는 초청이다. 예수님의 초청하면 우리에게는 마 11:28이 선뜻 떠오른다. "수고하고 무거운 짐 진 자들아 다 내게로 오라 내가 너희를 쉬게 하리라"

요 7:37-38에 주목해 보자.

명절 끝날 곧 큰 날에 예수께서 서서 외쳐 이르시되 누구든지 목마르거든 내게로 와서 마시라 나를 믿는 자는 성경에 이름과 같이 그 배에서 생수의 강이 흘러나오리라 하시니(요 7:37-38)

초청하시는 예수님의 자세가 돋보인다. '서서 외치시는.' 여기에는 초청하는 분의 심정이 엿보인다. 예수님은 자리에서 일어서셔서, 누구나 들을 수 있게 큰 소리로 우리를 초청하셨다. 아마 모든 사람의 시선이 다 예수님께로 집중되었으리라. 예수님의 이런 모습은 비교적 낯설다.

예수님은 평소에 소리를 지르는 분이 아니기 때문이다. 이는 지금 예수님이 하시는 말씀이 그만큼 중요하다는 것을 나타내는 전신 언어(몸말)다.

초청의 대상은 누구인가? 그 대답은 '누구든지'다. 예수님 초청에는 빈부귀천 남녀노소 인종 등 그 어떤 조건이나 제한도 없다. 예수님은 우리 중 단 한 사람도 초청에서 빠뜨리지 않으셨다.

누구에게나 지나간 시간보다는 앞으로 남은 시간이 더 중요하다. 이런 뜻에서 예수님은 앞으로 남은 시간(세월)을 생명을 살리는 일에 자신과 동행하겠다고 다짐하는 자라면 아무도 사양하지 않으셨다. 이런 뜻에서 '어느 누구나 다 오라'는 예수님의 초청은 앞으로 남은 세월 동안 생태지향적으로 살려는 우리에게 크나큰 도전이다.

초청의 내용은 무엇인가 그것은 "내게로 와서 마시라"다. 여기서 우리는 사 55:1을 떠올린다. "오호라 너희 모든 목마른 자들아 물로 나아오라 돈 없는 자도 오라 너희는 와서 사 먹되 돈 없이, 값없이 와서 포도주와 젖을 사라"

예수님 초청에 응하는 결과는 무엇일까? 38절이 그 대답이다.

나를 믿는 자는 성경에 이름과 같이 그 배에서 생수의 강이 흘러 나리라 하시니

이것은 초청의 열매다(시 78:15-16; 슥 14:8). '생수'란 생명을 품은

물 또는 생명을 주는 물이다. 여기서 '배'는 인간의 가장 깊은 내면(마음 속 깊은 곳)이다. 그렇다면 이 말씀은 예수님을 그리스도로 믿는 사람의 중심에 생명을 품는 마음, 생명을 존중하는 마음이 마치 강물처럼 마르지 않고 흐르리라는 것이다. 우리는 오늘도 메마르고 거친 세상에 이렇게 저렇게 치이고 상하며, 상처 주며 살고 있다. 때로는 일부러 때로는 무의식적으로 생명을 해치고, 생태계를 파손하며 산다. 그런 우리에게 하나님은 생수의 강 곧 은혜와 복으로 회복탄력성을 얻게 하신다. 하나님의 그 은혜를 입은 사람은 자신의 인생을 흔쾌히 감당하며, 세상의 수고하고 무거운 짐을 너끈하게 짊어진다.

남북을 갈라놓는 임진강변의 철책, 4대강 사업의 후유증을 앓느라 녹조 낀 강들, 인간이 마구 다룬 탓에 생태계 혼란의 한 부분이 된 강들을 바라보며 신경림이 쓴 〈강은 가르지 않고 막지 않는다〉를 읽는다.

강은 가르지 않는다

사람과 사람을 가르지 않고

마을과 마을을 가르지 않는다…

건너 마을을 남의 나라

남의 땅이라고 생각하게

버려두지 않는다

한 물을 마시고 한 물속에 뒹굴며

이웃으로 살게 한다…

강은 열어준다, 대륙으로

세계로 가는 길을

분단과 전쟁이 만든 상처를

제 몸으로 말끔히 씻어내면서 강은 보여준다,

평화롭게 사는 것의 아름다움을

어두웠던 지난 날들을

제 몸속에 깊이 묻으면서...

정현진 목사(목회와신학연구소)

바다, 삶의 터전이자 혼돈

욥기 38:1-18, 시편 104:1-9, 24-26, 에베소서 1:3-10, 누가복음 5:1-11

구약의 말씀 | 욥 38:1-18

"바다가 그 모태에서 터져 나올 때에 문으로 그것을 가둔 자가 누구냐?"

바다 오염의 심각성

5월에는 많은 기념일이 있다. 그러나 바다와 관련된 기념일이 두 가지가 된다는 사실을 아는 이는 드물다. 먼저 5월 10일은 '바다 식목일'로 '바닷속에 해조류를 심는 날'이다. 해조류는 사라지는 갯녹음 현상(바다 아래에 있는 바위나 돌 등이 흰색으로 변하는 백화현상으로 바다 사막화)을 해결하고 수산 생물의 서식처 및 산란장을 복원할 수 있기 때문이다. 이렇게 해서 만들어진 바다 숲은 수산 생물의 서식처를 제공할 뿐만 아니라 온실가스를 줄이고 용존 산소(dissolved oxygen, '물속에 녹아 있는 산소'로, 해수 온도가 올라가면 용존 산소의 양은 낮아지고, 온도가 낮아지면 높아진다. 따라서 용존 산소가 줄면 해양 생물이 숨쉬기 어렵다) 공급으로 인해 해역의 기초 생산력을 끌어올릴 수 있다. 또한, 해양 환경 정화작용으로 아름다운 자연경관으로 심미적 효과를 준다.

그리고 5월 31일은 '바다의 날'이다. "바다 관련 산업의 중요성과 의의를 높이고 국민의 해양사상을 고취하며, 관계 종사원들의 노고를 위로할 목적으로 제정한 날"이다. 해양을 둘러싼 국제 환경의 변화가 급격한 국제 환경에 능동적으로 대처하여 해양 강국으로 부상하고자 1996년 제정한 법정 기념일이다. 날짜는 통일신라 시대 장보고 대사가 청해진을 설치한 날을 기념하기 위해서 31일로 선정하였다.

우리가 사는 지구의 대부분은 바다로 덮여 있고 해양은 지표면의 약 71%를 차지한다. 지구상 물의 97%가 해양에 있으며, 이 외 호수와 강 등은 전체 0.03%에 불과하여 지구상의 물 순환에서 해양이 가장 큰 역할을 한다. 특히 바다에서는 물의 순환과 동시에 에너지의 순환이 일어난다. 적도 부근의 많은 열을 해류를 통해 열이 적은 고위도까지 이동시켜 주기 때문이다. 따라서 바다는 지구 기후변화에 있어서 에어컨과 유사한 역할을 하는 것이다. 이렇게 해류가 역할을 하지 않으면 열대지방은 더욱 더워지고 극지방은 더욱 추워져 사람 대부분이 사는 온대지역의 면적은 감소할 것이다. 결국, 우리나라에 나타나는 변하는 사계

절이 종적을 감출 것이다.

또한, 지구상 열 대부분은 태양 복사 에너지의 형태로 유입된다. 유입된 열이 지구를 적절하게 데운 후 들어온 양만큼 지구 밖으로 빠져나가기 때문에 너무 춥지도, 덥지도 않은 적절한 온도에서 우리가 살 수 있다. 하지만 인간의 활동 등으로 인해 증가한 이산화탄소가 지구 밖으로 빠져나가야 하는 열을 차단하여 지구 온난화가 진행되고 있다. 이 과정에서 바다가 남는 열을 흡수해 급속한 온난화를 막아준다. 이뿐 아니라, 바다는 수산 자원과 다양한 먹거리로 에너지를 제공하고, 때로는 그저 보는 것만으로도 마음의 평안을 선사한다.

욥기의 비극은 존재론적 비극

욥기 38장은 하나님이 욥에게 직접 말씀하시는 부분이다. 이 장에서 하나님은 욥에게 우주의 신비와 자연의 질서를 설명하시며 인간의 한계와 하나님의 전지전능함을 강조한다. 하나님은 욥에게 세상의 창조와 자연 현상에 대해 질문을 던지시며, 욥이 이 모든 것을 이해하거나 통제할 수 없음을 보여주신다. 이를 통해 하나님은 욥에게 인간의 이해와 지혜가 제한적임을 깨닫게 하고, 하나님의 지혜와 권능을 인정하도록 하신다. 바다 역시 하나님의 피조물이다. "바다가 그 모태에서 터져 나올 때에 문으로 그것을 가둔 자가 누구냐?"(8절) 바다를 비유적으로 묘사하지만, 결국 바다의 형성과 경계를 정하신 분이 하나님임을 나타내고 있다. 이것은 하나님이 자연의 모든 현상을 주관하시는 분이라는 것을 보여주기 위한 것이다. 바다와 같은 거대한 자연의 힘도 하나님의 권능 아래 있으며, 인간은 이러한 힘을 통제할 수 없음을 깨닫게 하기 위한 것이다. 이로써 하나님은 욥에게 인간의 한계를 상기시키고(존재론적 비극), 하나님의 전지전능함을 인정하도록 하신다.

고대 그리스의 3대 비극 작가들의 작품은 크게 외적 비극과 내적 비극으로 나눠진다. 그리스 비극의 시작이자 비극의 아버지인 아이스킬로스(Aeschylos)의 ≪결박당한 프로메테우스≫는 인간을 창조했으며, 인간을 위해서 제우스로부터 불을 훔친 대가로 독수리에게 매일 간이 쪼아 먹히는 고통을 받는 프로메테우스를 소개한다. 그리스 신화에 따르면 인간의 창조주인 이 프로메테우스의 비극은 '제우스 신의 징벌'이라는 외적 요인이다. 외적 비극이다. 또한 비극의 완성자라 불리는 소포클레스(Sophocles)의 ≪오이디푸스왕≫은 아버지를 죽이고 어머니와 결혼하여 자녀를 낳게 된다는 신탁을 받고, 결국 그 신탁대로 운명이 흘러가 비극적인 최후를 맞이하게 된다는 내용으로, 이 비극 역시 신탁으로 인한 외적 비극이다.

그러나 비극의 이단아인 에우리피데스(Euripides)의 ≪메데이아≫는 내적 비극이 그 원인이다. 황금 모피를 찾아 떠난 '아르고호의 영웅'인 이아손에게 모피를 찾도록 도움을 주고 결혼한 콜키스의 공주 메데이아가 주인공이다. 이아손의 조강지처인 메데이아는 그가 모피를 찾아 돌아오는 길에, 고린도 공주와 결혼하자 복수를 결심한다. 곧 고린도 공주와 이아손과의 사이에서 낳은 두 아들을 죽여버린 것이다. 질투의 감정이 복수를 실행한 것이다. 물론, 최근의 해석은 메데이아가 명예를 실추당해 복수했다는 해석도 있다. 이것은 질투라는 감정으로 인한 비극, 곧 내적 비극이다.

앞선 두 선배의 비극의 원인이 신, 혹은 신탁이라는 외적 요인에 있다면, 에우리피데스의 비극은 질투라는 내적 요인이다. 외적 비극은 어찌할 수 없지만, 내적 비극은 인간의 마음 먹기에 달려있다, 따라서 문학은 외적 비극보다 내적 비극을 더 비극적인 것으로 본다. 이후 그리스 3대 비극 작가에 이어, 4대 비극 작가에 들어가는 셰익스피어의 4대 비극은 모두 내적 비극이다. ≪맥베스≫는 왕이 되고자 하는 '욕망' 때문에 결국은 죽임을 당하고, 장군 ≪오셀로≫는- 물론, 이아고의 이간질하는 간사한 혀가 있었지만 -아내 데스데모나를 질투의 감정으로 죽여버린다. ≪햄릿≫ 왕자는 아버지의 복수를 결심하나, 자신의 우유부단함으로 많은 비극을 양산한다. 딸 셋을 둔 ≪리어왕≫은 자신의 독선 때문에 비극이 일어난다. 이렇게 인간의 내적 갈등과 심리적 연약함으로 말미암은 비극이 내적 비극이다. 그러나 ≪로미오와 줄리엣≫은 비록 남녀 두 주인공이 죽음으로 끝나지만, 그 원인은 그들의 두 가문이 사이가 좋지 않아 이뤄졌기에 외적 비극에 해당한다. 따라서 4대 비극에는 들어가지 않는 것이다.

아무튼, 비극의 주인공들은 고대 그리스나 영국의 셰익스피어 때나 모두 신, 혹은 왕이나 왕자 등 권력자이다. 이렇게 힘과 권력을 가진 이들의 비극적인 결말을 보며 그리스 폴리스 사람들과 영국의 노동자들은 카타르시스를 느낀다. 왜냐하면, 왕과 왕자들, 곧 권력자들의 삶도 나와 별반 다르지 않다고 생각하기 때문이다. 관객은 이들의 고통을 보며 '공감'하고 자신의 삶을 반추한다. 이러한 추체험을 통해 감정이 해소된다. 따라서 관객은 자신의 고통을 돌이켜 보며 "나의 아픔은 별거 아니구나."라는 카타르시스를 느낀다.

그렇다면 욥의 비극은 무엇인가? 바로 인간 '존재론적 비극'이다. 이를 잘 설명해 주는 것이 '아케다 상황'이다. 아케다는 히브리어로 '결박'을 뜻하는데, 창세기 22장에 나오는 이삭의 결박 사건이다. 하나님께서 아브라함에게 외아들 이삭을 희생물로 바치라고 한 사건이다. 이것은 인간이 어떻게 할 수 없는 상황이다. 비극, 혹은 재앙의 사건이다, 결국 이 사건은 인간을 절망으로 떨어지게 한다. 여기서 우리는 "인생의 주인공은 내가 아니다!"라는 깨달음을 얻게 된다. 욥은 이러한 인간 존재론적 비극을 이렇게 설명한다. "흙집에 살며 티끌로 터를 삼고 하루살이 앞에서라도 무너질 자!"(욥 4:19) 그렇다. 인간은 이렇게 피조물이라는 존재론적 상황 속에 놓인 것이다. 이것을 비극이라는 용어로 설명하면 '존재론적 비극'이다.

바울은 인간 존재론적 비극 상황을 토기로 비유한다. "토기장이가 진흙 한 덩이로 하나는 귀히 쓸 그릇을, 하나는 천히 쓸 그릇을 만들 권한이 없느냐? 만일 하나님이 그의 진노를 보이시고 그의 능력을 알게 하고자 하사 멸하기로 준비된 진노의 그릇을 오래 참으심으로 관용하시고 또한 영광 받기로 예비하신 바 긍휼의 그릇에 대하여 그 영광의 풍성함을 알게 하고자 하셨을지라도 무슨 말을 하리요? 이 그릇은 우리니, 곧 유대인 중에서뿐 아니라 이방인 중에서도 부르신 자니라"(롬 9:21-24) 중요한 것은 이러한 비극적 상황을, 혹은 결박의 상황을 해결하는 것은 인간 자신이 아니다. 결박을 내가 푸는 것이 아니고, 임마누엘 하나님께서 '여호와 이레'로 준비하는 것이다. 이것이 하나님의 은혜이다.

시편의 찬양 | 시 104:1-9, 24-26

"주께서 물의 경계를 정하여 넘치지 못하게 하시며, 다시 돌아와 땅을 덮지 못하게 하셨나이다."

혼돈의 사상사

그러나 바다는 마냥 더불어 살 수는 없다. 지금이야 과학기술의 발전으로 바다에 대한 공포가 사라졌지만, 원시 시대에 바다는 혼돈(카오스)과 공포의 대상이었다. 따라서 이러한 혼돈에 질서를 부여한 것이 인류의 문명사였다. 곧 물을 지배하거나 통치하는 것, 다스리고 제어하는 것이 문명의 시작이었다. 세계 4대 문명의 발상지가 모두 강 유역이라는 것, 그리고 한자어 다스릴 치(治)가 물(水)이 넘치는 것을 막아내는 글자 모양임을 고려한다면 인류의 문명사는 곧 물을 다스리는 그것과 다름없다. 따라서 세계 어느 문명을 막론하고 거의 예외 없이 창조의 순간은 혼돈이나 무(無)에 질서를 부여하는 것으로 시작된다. 여기서 혼돈과 무는 아직 아무런 구별이나 분별이 생기지 않은, 애매하고 모호한 것인데, 곧 강과 바다와 같은 물이다.

구약성서의 창세기에도 "태초에 하나님이 천지를 창조하셨다. 땅이 혼돈하고 공허하며, 어둠이 깊음 위에 있고, 하나님의 영은 물 위에 움직이고 계셨다"(창 1:1–2)라고 한다. 즉 어둠과 혼돈, 그리고 물 같은 것이 태초에 있었다고 한다. 따라서 여기서 물은 혼돈을 상징한다. 하나님은 이 혼돈에 질서를 부여하며 천지를 창조하신다. 고대 그리스 시인인 헤시오도스(Hesiodos)는 ≪신통기 *Theogonia*≫에서 창세 신화를 제시하였는데, 다음과 같이 이야기한다. "카오스가 처음으로 태어났고 그 다음 가이아가 나왔다. 가이아는 가슴이 넓었고 모든 불멸의 존재들을 위한 견고한 자리였다. 그 불멸의 존재들은 눈 덮인 올림포스 꼭대기를 붙잡고 있고, 넓게 열린 땅속 깊이에 있는 안개 같은 타르타로스를 붙잡고 있었다. 에로스는 죽지 않는 신들 가운데서 가장 아름다웠다. 에로스는 손과 발을 벌리어 모든 신과 사람들의 가슴에 있는 마음과 감각적 생각들을 제압했다."

즉 카오스로부터 가이아(땅)와 타르타로스(캄캄한 심연)와 에로스(사랑)가 생겼고 이어서 에레보스(지하의 명부와 세계)와 닉스(어둠의 밤), 아이테르(광명의 세계)가 생겼다는 것이다. 혼돈을 질서로 제압한 것이다.

또한, 고대 이집트인들은 태초의 모습으로 누트(Nut)라는 무정형의 모호한 혼돈의 존재가 있었으며, 누트가 라(Ra)라는 태양을 낳아 세상이 밝고 명확해졌다고 믿었다. 창세기의 창조 설화에 막대한 영향을 준 것으로 보이는 바빌로니아 창조 설화에 의하면, 혼돈은 티아마트(Tiamat)라는 여신으로 불리었다. 이 티아마트는 강의 여신으로 창세기의 혼돈(תהום/테홈)과 그 어원이 같다.

바빌로니아 신화에서 작은 신들은 이 혼돈의 갖가지 얼굴에 지나지 않는다. 혼돈의 여신 티아마트는 혼돈에서 어떤 존재가 빠져나와 무형의 혼돈을 파괴하며 우주의 유형적 질서를 소멸시키기 위해서 혼돈의 괴물들을 풀어 세상을 공포에 떨게 만든다. 그러나 끝내 마르두크(Marduk)라는 땅의 남신이 혼돈을 정복하자, 세상은 혼돈의 어둠에서 빠져나와 밝고 환해졌다. 이 바빌로니아의 창조 설화는 기원전 6~4세기경에 구약성서 기자들에게 그대로 전해졌다. 즉 창세기의 혼돈은 티아마트였으며, 야훼는 빛으로 이 혼돈을 정복한 것이다.

인도나 중국도 예외는 아니다. 인도의 인드라(Indra)는 밝음과 질서이며, 이는 흑암과 무질서의 브리트라(Vritra)를 물리친다. 중국의 창조 설화에 의하면 '양(陽)'이란 밝은 빛이 혼돈의 어둠을 뚫고 나와 세상을 창조한다. 그러나 특이한 점은 혼돈 혹은 카오스에 대한 시각이 동양과 서양이 다르다는 것이다.

장자(莊子)의 혼돈에 관한 이야기는 ≪장자≫에 나오는데, 그것은 혼돈(混沌)이라는 이름을 가진 중앙의 임금에게 극진한 대접을 받은 남해의 숙(儵)과 북해의 홀(忽)이 마침 이목구비(耳目口鼻)가 없는 혼돈에게 은혜를 갚기 위해서 하루에 한 번씩 이레 동안 일곱 개의 구멍을 뚫어

주었으나, 7일째 그 혼돈이 죽고 말았다는[*] 소위 '숙홀의 오류(숙과 홀을 합치면 '갑자기'라든지 '잠깐 사이'를 의미한다)'에서 나타난 바와 같이, 혼돈과 모호성을 그대로 내버려 둬야지 거기에 인위적인 작위성을 가해서는 안 된다는 것이 동북아 문화권의 입장이다.

그러나 인도–유럽 쪽의 문명권에서는 그 반대 견해를 취하고 있다. 즉, 되도록 혼돈을 파괴하려 한다. 다시 말하면 서양 문명사는 끊임없는 혼돈과 질서의 투쟁사였다. 이러한 신화에 나타난 혼돈과 질서의 싸움은 과학사 속에도 그대로 나타난다. 초기 밀레투스학파의 자연철학자들인 탈레스, 아낙시만드로스, 그리고 아낙사고라스는 물, 불, 공기, 흙에서 우주가 나왔다고 함으로써 혼돈을 자연의 제 현상으로 보고 질서화시키고 말았다. 이것이 철학사–과학사까지 포함하여–속에서 생긴 최초의 비(非)카오스화 현상이라고 할 수 있다.

물에 누각을 세우시고 경계를 주신 하나님

시편 말씀은 하나님의 창조와 그분의 위대함을 찬양하는 내용이다.

---

[*] "옛날에 혼돈 씨가 천하를 다스릴 때, 기쁨과 분노가 막히고, 어리석음이 견고하였다. 눈이 있어도 보지 못하고, 귀가 있어도 듣지 못하며, 입이 있어도 말하지 못하고, 마음이 있어도 생각하지 않았다. 모든 짐승과 초목이 그 조화를 얻었으므로 덕이 이루어져 최고의 상태에 이르렀다. 남해의 제왕은 숙이고, 북해의 제왕은 홀이며, 중앙의 제왕은 혼돈이었다. 숙과 홀은 때때로 혼돈의 땅에서 만나곤 했는데, 혼돈은 그들을 매우 잘 대접했다. 숙과 홀은 혼돈의 덕을 갚기 위해 '사람은 모두 일곱 구멍이 있어서 보고 듣고 먹고 숨을 쉬는데, 이제 혼돈에게 구멍을 뚫어 주자.'라고 말했다. 하루에 한 개씩 구멍을 뚫었고, 일곱째 날이 되자 혼돈이 죽었다."(『莊子』, 「內篇」, "應帝王篇")

하나님께서 창조하신 세상의 아름다움과 질서를 묘사하며, 그분의 지혜와 능력을 찬양한다. 먼저 1-9절에서 시인은 하나님을 찬양하며, 하나님이 매우 위대하시고 존귀와 위엄을 입으셨음을 선언한다. 그리고 하나님의 창조를 묘사하는데, 하나님께서 빛을 옷처럼 입으시고, 하늘을 휘장처럼 펼치시며, 물 위에 자신의 거처(누각)를 세우셨다고 묘사한다. 또한, 자연을 통치하시되, 구름을 병거(兵車)로 삼으시고 바람 날개로 다니시며, 천사들을 바람과 불꽃으로 만드신다. 땅의 기초를 세우셔서 영원히 흔들리지 않게 하셨고, 깊은 물로 덮으셨으나 그 물이 하나님의 명령으로 흘러갔음을 설명한다. 이를 위해 하나님께서 물에 경계를 정하시고 명령을 내려 다시는 땅을 덮지 못하게 하셨다고 한다.

이후 시 104:24-26에서 시인은 하나님의 지혜와 바다의 광대함을 찬양한다. 곧 하나님께서 지혜로 모든 것을 만드셨으며, 땅이 그분의 창조물로 가득함을 찬양하며 넓고 광대한 바다와 그 속에 크고 작은 생물들이 무수히 살고 있음을 묘사한다. 특히 큰 바다에는 배들이 다니며, 리워야단(Leviathan)도 있는데, 이것은 하나님께서 장난치라고 만드신 것이라고 설명한다. 곧, 하나님의 창조 사역의 위대함과 그분의 통치력을 찬양하며, 모든 피조물이 하나님께 의존하고 있다는 사실을 인정하는 것이다. 이렇게 시인은 자연의 아름다움과 질서를 통해 하나님의 지혜와 권능을 찬양하고 있다.

결국, 바다는 혼돈이지만 우리 인간의 삶의 터전으로 하나님께서 창조하신 것이다. 우리가 이 터전을 망치게 되면 하나님이 거하시는 거처(누각)가 무너지게 될 것이다. 물론 인류 역시 생존을 위협받는다. 이것은 인간 존재의 피조성을 인정하지 않고 창조의 영역에 자신을 위치 지우는 교만한 행위이다. 바다의 폭풍이 두려움의 대상(혼돈)이자 평온한 바다가 평안한 마음을 가져다주듯, 우리 인간의 이중적(루터에 의하면 죄인이자 의인)인 모습을 반추하는 바다는 결국 하나님의 피조물로 때로는 혼돈과 무질서를 뜻하지만, 결국 우리 인간의 삶의 터전이 되는 것이다.

서신서 말씀 | 엡 1:3-10

"하늘에 있는 것이나 땅에 있는 것이 다 그리스도 안에서 통일되게 하려 하심이라."

그리스도 안에서 통일

에베소서는 하나님의 구원 계획과 그리스도 안에서 신자들에게 주어진 영적 축복을 설명하는 것이다(3절). 이것은 하나님께서 세상이 창조되기 전에 그리스도 안에서 우리를 선택하셔서 거룩하고 흠이 없게 하시고, 예수 그리스도를 통해 우리를 자녀로 삼기로 예정하신 것에 나타나 있다(선택과 예정, 4-5절). 중요한 것은 하나님께서 우리를 그리스도 안에서 은혜로 받아들여 주셨다는 것이다(은혜의 영광, 6절). 바울은 그리스도 안에서 그의 피로 구속 곧 죄 사함을 받았으며(구속과 죄 사함, 7절), 나아가 하나님께서 모든 지혜와 총명을 우리에게 넘치게 하섰다고 고백한다(지혜와 총명, 8절). 물론 이 모든 것은 하나님의 계획이다. 그리스도 안에서 모든 것을 통일시키려는 것이다. 이 계획은 때가 찬 경륜에 따라 하늘에 있는 것들과 땅에 있는 것들을 그리스도 안에서 통일시키는 것이다(9-10절).

하나님께서 세상을 계획하신 목적 중 하나는 예수 그리스도를 통해 모든 것을 하나로 통합하는 것이다. 즉, 하늘에 있는 것들이나 땅에 있는 모든 것들이 예수 그리스도 안에서 하나로 결합하고 조화를 이루게 된다는 것을 말한다. 이는 예수님이 우주 전체의 중심이 되어 모든 것들이 그분을 통해 연결되고 조화롭게 된다는 의미이다. 하늘과 바다, 땅과 인간 등 모든 피조물이 하나님의 온전하신 계획 안에 그리스도 안에서 통일되는 것이다.

통일(ἀνακεφαλαιώσασθαι/아나케팔라이오사스타이)이라는 헬라어는 전치사 위(ἀνα/아나)와 명사 머리(κεφαλή/케팔레)가 결합한 말로, 메시아를 머리로 두고(위) 모든 것이 연결되어 그의 몸이 된다는 뜻이다. 곧, '여러 가지 것들을 한 가지 같은 목적을 향해 모은다'라는 뜻이다. 궁극적으로 예수 그리스도를 통해 이루어질 하나님의 구원 계획과, 그리스도 안에서 모든 것이 새롭게 되고 완전한 조화를 이루게 될 미래를 강조하고 있다. 그리스도교 신앙의 본질은 이렇게 예수 그리스도 안에서 모든 것들이 하나님의 계획에 따라, 하나가 되는 것이다. 여기에 바다도 예외는 아니다.

"그들이 배들을 육지에 대고 모든 것을 버려두고 예수를 따르니라."

그러나 우리 인간은 바다는 물론, 생태 환경을 파괴하고 있다. 현재 인류세(anthrophocene)를 넘어 자본세(capitalocene)와 대농장세(Plantationcene)라는 말로 위기의 본질을 이야기하고 있다. 이러한 위기 상황은 창조 세계 안에서 인간의 위상과 역할에 대한 근본적인 인식 전환을 요청한다. 인류세는 인류를 뜻하는 '안드로포스(anthropos)'와 '시대(-cene)'가 합해진 말로 홀로세(Holocene, 약 1만 년 전부터 현재까지의 지질 시대로, 현세라 부름) 이후, 지구의 엄청난 지질 환경적 변화에 인류가 절대적인 책임을 지고 있음을 뜻하는 말이다. 그러나 인류세라는 말에 지구를 파괴한 것도 인간이지만, 그것을 해결할 주체 역시 인간이라는 인간중심주의가 남아 있다. 따라서 자본의 시대인 자본세로, 또한 탄소 집약적 공장 시스템의 원형으로서 노예 대농장 시스템인 대농장세로 바꿔 부를 것을 주장하는 이들도 있다.

특히 도나 해러웨이(D. Haraway)는 대안으로 툴루세(Chthulucene)를 주장한다. '툴루(cthulu)'는 캘리포니아에 있는 '피모아 크둘루'라는 거미의 이름에서 가져온 어원으로, 대지와 그것을 둘러싼 자연의 분해 및 생산의 힘과 관련한 시 · 공간성을 아우르는 개념이다. 이를 통해 해러웨이는 공동생성(sympoiesis)을 주장한다. 곧, 생명은 다른 존재와 서로를 만들면서 모양새를 갖추게 된다는 것으로 '함께 되기(becoming with)’, ‘세상 만들기(worlding)’의 과정을 포괄한다(도나 해러웨이, 《인류세, 자본세, 대농장세, 툴루세: 친족 만들기》 참조).

결국, 인류는 새로운 시대인 키노세에 직면하고 있다. 키노세(Kinocene)는 헬라어로 시간적으로 새로움(νέος)이 아닌, 질적 새로움인 카이노스(καινός)에서 유래했는데, 이 말은 ‘전혀 새로운 변화의 시대’를 뜻한다. 예수께서 갈릴리 호수에서 제자들을 부르셨을 때, 그들이 새롭게 변화된 것처럼 지금 우리 인류는 생태계 위기에 직면하여 새로운 질적 변화의 시대를 직면하고 있다.

삶의 터전, 바다를 버리고 예수를 따름

누가복음 본문은 예수님께서 시몬 베드로와 다른 어부들을 제자로 부르시는 장면이다. 먼저 예수께서 갈릴리호숫가에서, 많은 사람에게 하나님의 말씀을 가르치신다. 사람들을 더 잘 가르치기 위해 예수님은 시몬의 배에 올라타서 배에서 말씀을 전하신다(1-3절). 그리고 예수님은 시몬에게 깊은 곳으로 가서 그물을 던지라고 말씀하신다. 시몬은 “밤새도록 노력했지만, 아무것도 잡지 못했다”라고 대답하면서도 예수님의 말씀에 순종하여 그물을 던진다. 그 결과 엄청난 양의 물고기가 잡혀 그물들이 찢어질 정도가 되고, 다른 배의 동료들에게 도움을 청할 정도로 많은 물고기를 잡는다(기적적인 어획, 4-7절).

이때 베드로의 반응은 놀랍다. 예수님의 발 앞에 엎드리며 자신이 죄인임을 고백한다. 또한, 자신은 죄인이기에 예수님께서는 자신을 떠나야 한다고 말한다. 그러자 예수님께서는 시몬에게 두려워하지 말라고 하시며 이제부터는 사람을 낚는 어부가 될 것이라고 말씀하신다. 결국, 베드로와 그의 동료인 야고보와 요한은 삶의 터전인 바다(배)를 버려두고 예수님을 따른다.

인간이 만든 위기인 인류세, 자본세, 대농장세, 툴루세의 위기 속에서 예수님은 오늘 우리를 부르신다. 사람을 낚는 어부를 넘어 자연을 '낚는 (이라고 쓰고 '더불어'라고 읽는다)' 어부, 바다와 더불어 함께 사는 어부로 부르시는 것이다. 이것이 키노세의 시작이다.

최병학 목사(종교인문학연구소)

생명의 요람, 숲을 되살리자!

창세기 2:4b-22, 시편 139:13-16, 사도행전 17:22-28, 요한복음 3:1-16

구약의 말씀 | 창 2:4b-22

"주 하나님은 보기에 아름답고 먹기에 좋은 열매를 맺는 온갖 나무를 땅에서 자라게 하시고, 동산 한가운데는 생명나무와 선과 악을 알게 하는 나무를 자라게 하셨다."(새번역)

창세기에는 두 개의 창조 이야기가 실려 있다. 1:1-2:4a의 '천지창조 이야기'와 2:4b-25의 '에덴동산 이야기'가 바로 그것이다. 오늘 본문은 그중 두 번째 이야기다. '천지창조 이야기'와는 달리 '에덴동산 이야기'에서 하나님의 창조 공간은 '전 우주'가 아니라 '땅'이다. 창조 이전에 그 땅의 원상태는 '황무지'(사막)였다. 그 이유를 본문 5절은 "주 하나님이 땅 위에 비를 내리지 않으셨고, 땅을 갈 사람도 아직 없었으므로"라고 설명한다. 이어서 본문 6~7절은 "땅에서 물이 솟아서, 온 땅을 적셨다. 주 하나님이 땅의 흙으로 사람을 지으시고, 그의 코에 생명의 기운을 불어넣으시니, 사람이 생명체가 되었다"라고 증언한다. 이제 황무지의 원인이었던 '물'과 '사람'의 부재가 해결되었다.

다음으로 하나님은 동쪽 에덴에 '동산'을 마련하시고, 지으신 사람을 거기에 두셨다. 에덴동산은 "보기에 아름답고 먹기에 좋은 열매를 맺는 온갖 나무"가 무성하고, 네 강의 발원지일 만큼 물도 풍부한 곳이었다. 사람의 소명은 그 동산을 맡아서 돌보는 것이었고, 그 소명 완수를 위해 하나님은 그를 '돕는 사람—거들 짝'까지 창조해 주셨다. 그 과정에서 모든 짐승과 공중의 모든 새도 창조되었다.

하나님은 인간을 창조하시고 왜 에덴동산에 살게 하셨을까? 먼저 창조하신 무한한 궁창도 아니고, 저 깊고 푸른 바다도 아니고, 강도 아니고, 저 끝없이 드넓은 들판도 아닌 동산에서 살도록 하셨을까? 생태학자들은 그 이유가 에덴동산이 '숲'이었기 때문이라고 한다.

우리말 '숲'은 '수풀'의 준말이다. '수풀'은 '풀, 나무, 덩굴 따위가 한데 엉킨 곳'을 가리킨다(《우리말 큰 사전》). 하지만 숲은 단순히 풀과 나무와 넝쿨만의 집합체가 아니다. 숲에는 풀과 나무와 넝쿨이 있지만, 그것들만 있는 것은 아니다. 흙과 돌과 바위가 있고, 그 외 각종 식물이 살고 있으며, 온갖 벌레와 짐승도 살고 있다. 거기에는 박테리아 같은 미생물도 있고, 곰팡이 같은 균류도 있다. 또한 샘이 있고, 늪지도 있다.

숲의 흙 속에는 많게는 수억 마리의 박테리아가 들어 있고, 크고 작은 소동물들이 살아가고 있다. 이들이 살아가면서 흙 속의 유기체와 무기체를 분해하면, 땅속에 뿌리를 박고 사는 풀과 나무는 자신에게 필요한 영양물질을 잘 흡수하여 1년, 10년, 100년, 수백 년, 수천 년을 견디고, 때로는 수만 년, 수천만 년, 수억 년을 이어 내려오면서 울창하고도 거대한 숲을 이루면서 살아가게 된다.

그 풀과 나무의 잎과 꽃과 열매는 수많은 벌레와 곤충과 동물의 먹거리가 되고, 이렇게 형성된 먹이사슬은 거대한 생태계를 이룬다. 이처럼 숲이야말로 세상에서 가장 많은 생명으로 이루어진 완벽한 생명 집합체요, 가장 큰 유기체이다. 이렇듯 숲이 온갖 생명체들이 살아가는데 완벽한 삶의 공간이고, 인간에게 필요한 것 전부가 갖춰져 있었기 때문에 하나님은 인간을 숲에서 살도록 하신 것이다. '숲 관리인'으로서 숲 속 모든 생명과 조화로운 관계를 유지하면서 말이다.

이렇듯 숲은 생명의 '요람'이요, '어머니'이다. 그래서 많은 학자는 "숲이 인간을 낳았다"라고 말한다. 그렇다! 숲은 인간의 탄생지이고, 지상의 본향이다. 그래서 인간은 숲에서 자기 근원을 살피게 된다. 자기 본연의 위치를 깨닫고, 존재의 근원인 하나님과 가까이 있는 기쁨을 체험할 수 있다. 숲 전문가인 김기원 교수는 과학자로서 이를 다음과 같이 설명한다.

지구가 태어난 것은 약 45억 년 전으로 … 우주의 질서 속에서

… 점점 생명체가 살아갈 수 있는 환경으로 변해갔다. … 지금부터 약 4억 년 전부터 원시식물이 바다에서 육지로 상륙하기 시작하여 지구는 서서히 숲으로 덮이기 시작했다. / 인간이 숲에 나타난 것은 숲이 태어난 지 3억 수천 수백만 년 후의 일이다. 그 기간 숲은 인간을 잉태하고 있었고 이윽고 완성되고 안전한 상태의 숲이 되자 인간을 지구상에 태어나게 한 것이다. 숲이 인간을 낳았다는 표현이 더 적합할 것이다. 숲에서 태어난 인간은 물질적, 정신적 삶에 필요한 모든 것을 숲으로부터 얻어 써왔다. 의식주를 해결해주는 것도 숲이요. 인간을 인간답게 살아가게 하는 정신적인 양식이 되는 철학과 문학과 예술을 가능하게 하는 것도 숲이다. 결국 숲은 인간 삶의 알파와 오메가인 셈이다. 그러한 의미에서 숲은 인간의 요람이고 고향이며 우리의 영혼이 잠자는 곳이다. / … 숲을 찾는 것은 우주의 질서와 숨결을 찾는 일이고, 나를 찾는 일이며 고향을 찾는 일이고 인류와 우리 조상의 삶의 흔적을 찾는 일이다. (《아름다운 우리 숲 찾아가기》, 도솔출판사, 2005)

인간은 물질적, 정신적 삶에 필요한 모든 것을 숲으로부터 얻어 왔다. 의식주를 해결해 주는 것도 숲이요, 인간을 인간답게 살아가게 하는 정신적인 양식이 되는 철학과 문학과 예술을 가능하게 한 것도 숲이다. 숲이 없었으면 인류의 삶은 불가능했다. 그래서 숲은 생명이다. 숲으로부터 인간의 삶이 시작되었고, 숲으로부터 인간의 문명이 태동했다. 숲은 문화와 역사의 산실이다.

이런 숲에는 지금도 각종 식물이 자라고 갖가지 동물이 서식한다. 숲은 빗물을 받아 그 품속에 간직하여 초목들과 짐승들이 살아가도록 도와주며, 여분의 물은 계곡으로 흐르게 하여 강을 이루어 들판을 적신다. 때로는 그 물을 한곳에 모아 호수를 만들어 그 안에서 물고기들이 살게 한다. 숲은 수많은 생명이 태어나서 자라는 생명의 산실이며, 온갖 꽃들이 피어나서 열매를 맺는 생명 활동의 현장이다.

그뿐만 아니라 숲은 그 청정한 공기와 충분한 수분, 그리고 풍성한 녹색으로써 사람과 짐승들에게 휴식과 회복과 치유의 공간을 제공하고 있다. 그래서 도시에 사는 사람들은 정신적 피폐를 피하고 심신의 휴식을 취하기 위해 짬을 내어 산에 오르기를 즐기고, 도를 닦거나 정신적 수양을 도모하는 이들은 산에 들어가서 그곳에 거하기를 계획한다. 산행은 현대인들이 일상에서 느끼는 피로감과 무료함을 치료하는 보편적인 방법이 되었으며, 다수의 사람에게는 육신의 회복과 정신의 휴양을 위한 필수적인 주말 일정이 되고 있다. 또 삼림욕은 물질문명의 폐해를 씻어내고 삶의 활기를 되찾는 방법으로 애용되고 있다. 한마디로 말해서 숲은 생명의 활력을 공급하는 천연의 발전소이다.

특히 기후위기 시대에 숲은 엄청난 기능을 담당하고 있다. 막대한 양의 탄소를 흡수하고 아주 오랫동안 저장한다. 따라서 숲의 파괴는 온실가스 증가를 초래하여 지구의 온도를 상승시키고 기후 재난을 일으킨다.

영국의 역사학자 윌리엄스가 2002년에 펴낸 《지구의 산림고갈》이라는 저서에 따르면 지난 50년간 파괴된 숲의 면적은 인류문명이 시작된 이래 1950년까지 수천 년 동안 사라진 숲의 면적을 합친 것보다 많다고 한다. 이는 지난 반세기 동안 지구 전역에서 진행된 산림고갈과 파괴가 얼마나 급속히 진행되었는지를 잘 말해준다. 그는 산림고갈이 오늘날 인류가 직면한 최대의 환경문제, 즉 기후위기 문제라는 점도 지적하고 있다.

지구에서 가장 유명한 숲은 아마 아마존일 것이다. 우리는 아마존을 지구의 허파라 부르며 지구온난화를 늦춰 주는 방책으로 생각하고 있다. 그러나 브라질의 대학 연구진의 연구 결과에 따르면 아마존은 스스로 회복할 수 있는 경계 지점을 넘어 멈출 수 없는 훼손이 진행되어 2050년에 이르면 복구 불능의 상태가 될 수 있다고 경고하고 있다.

아마존 숲이 사라진 이유는 팜유, 소고기, 커피의 소비 증가 때문이다. 사람들의 고기에 대한 소비가 늘어나며 가축을 기를 공간이 필요해졌다. 특히 소고기 소비가 늘며 브라질은 소를 키우는 가축 사업을 확장하며 소를 키울 수 있는 목초지를 확보해야 했고, 아마존에 불을 질러 숲을 없애는 방법으로 목초지를 확장해 갔다. 숲의 나무가 사라진 자리는 풀이 자라게 되고, 그 자리에서 소를 방목형으로 키우는 방법을 취한 것이다.

이런 이유로 이미 아마존의 숲 15%가 사라졌으며, 17%는 인간의 벌목과 화재로 훼손되었고, 장기적인 가뭄으로 인하여 아마존 숲의 훼손은 더욱 심화하고 있다. 게다가 이상기후 현상으로 아마존 기온도 40년 전과 비교해 평균 2도가량 상승하였다고 하니 지구의 허파가 불구덩이에 있다고 해도 과언이 아닐 듯하다.

시편의 찬양 | **시 139:13-16**

"은밀한 곳에서 나를 지으셨고, 땅속 깊은 곳 같은 저 모태에서 나를 조립하셨으니 내 뼈 하나하나도, 주님 앞에서는 숨길 수 없습니다."(새번역)

시편 139편은 '지혜문학'다운 묵상으로, 13~18절이 이 시편의 중심이다. 그것은 하나님은 인간이 자기 자신을 알고 있는 것보다 그를 더 잘 알고 계시고, 자기가 자기 자신에게 현존하여 있는 것보다 그에게 더 가까이 현존하여 계신다는 것이다. 결국, 하나님은 인간 생애 전체의 깊은 근원에 계시는 신비이시다. 그 이유는 하나님이 인간을 '창조하신 분'이시기 때문이다. 우리는 창조주 하나님의 섭리 가운데서 지어진 피조물이다. 이 시편은 하나님이 창조주이고 우리 인간은 피조물이라는 성경의 가장 기초적이고 핵심적인 신앙고백을 확인해 준다.

성경은 "태초에 하나님이 천지를 창조하셨다"(창 1:1)라는 선언으로 시작한다. 이 선언은 창세기의 첫 문장일 뿐 아니라, 신구약 성경 전체를 시작하는 첫 문장이기도 하다. 그런데 이 첫 문장에서 성령의 인도를 받은 저자는 하나님을 '창조주'라고 고백한다. '창조주'가 아니라 '구세주'나 '심판자'라고 하나님을 고백할 수 있었을 텐데, 그렇게 하지 않았다. 사도신경 역시 "전능하사 천지를 만드신 하나님 아버지를 내가 믿사오며…"라는 고백으로 시작한다. 이렇듯 성경과 사도신경이 "하나님은 창조주이시다"라는 고백으로 시작하는 것은 이 고백이 다른 어떤 고백보다 더 우선해야 함을 뜻한다. 달리 말하면, "하나님은 창조주이시다"라는 고백이 기독교 신앙의 최고 근본 고백이라는 말이다. 즉, 이 고백에 기초하지 않은 모든 신앙 고백은 사상누각이 될 위험이 있다는 뜻이다.

하나님이 '창조주'라는 고백은 '절대적 존재'인 하나님을 제외한 모든 천지 만물은 '상대적 존재'요 '피조물'이라는 고백이기도 하다. 하나님 없이는 처음부터 있을 수 없었고, 지금도 있을 수 없다는 뜻이다. 하지만 우리는 자주 이것을 잊고 산다. 자기가 자기 삶의 주인인 줄 알고 제멋대로 산다. 하나님이 창조주라는 신앙 고백은 이런 우리의 교만을 일깨워 준다. 너 자신을 알라고, 너의 피조성을 깨달으라고 말한다.

오늘 시편 본문(시 139:13-16)은 바로 이것을 증언한다. 이 시편은 내가 나를 아는 것보다 하나님이 나를 더 잘 알고 계신다고 고백한다. 왜? 내가 나를 창조하지 않고, 하나님이 나를 창조하셨기 때문이다. 비유하자면 하나님은 '발명가'이고, 인간은 '발명품'이다. '발명품'에 대해 제일 잘 아는 이는 '발명품' 자신이 아니라 발명품을 만든 '발명가'일 것이다. 그러니 내가 나를 아는 것보다 하나님이 나를 더 잘 아신다. 우리 인간은 하나님의 피조물이다. 하나님은 우리 삶의 시작일 뿐 아니라, 우리 삶의 근원이다. 따라서 내가 누구인지, 내 삶의 목적이 무엇인지를 알려면, 우리는 먼저 나를 지으신 하나님을 찾고, 하나님을 만나야 한다.

"우주와 그 안에 있는 모든 것을 창조하신 하나님께서는 하늘과 땅의 주님이시므로, 사람의 손으로 지은 신전에 거하지 않으십니다. 또 하나님께서는, 무슨 부족한 것이라도 있어서 사람의 손으로 섬김을 받으시는 것이 아닙니다. 그분은 모든 사람에게 생명과 호흡과 모든 것을 주시는 분이십니다."(새번역)

행 17:22-28은 바울이 아레오바고에서 아테네 사람들에게 설교하는 장면을 담고 있다. 누가의 바울은 아테네 시내를 돌아다니다가 "알지 못하는 신에게"라는 말이 새겨진 제단을 보았다고 한다(17:23). 그는 이를 매개로 그 신이 바로 만물을 창조하시고 섭리하시는 하나님임을 아테네 사람들에게 알린다. 이른바 '자연신학'을 전개한 것이다. 역사적 바울은 이미 롬 1:19-20에서 자연신학을 전개한 적이 있다.

하나님을 알 만한 일이 사람에게 환히 드러나 있습니다. 하나님께서 그것을 환히 드러내 주셨습니다. 이 세상 창조 때로부터, 하나님의 보이지 않는 속성, 곧 그분의 영원하신 능력과 신성은, 사람이 그 지으신 만물을 보고서 깨닫게 되어 있습니다. 그러므로 사람들

은 핑계를 댈 수가 없습니다.(롬 1:19-20)

로마서에서 바울이 전한 하나님은 모두가 똑같이 접근할 수 있는 분이다. 바울의 기본 전제는 모든 인류에게 공통적인 하나님의 법이 있다는 것인데, 그 하나는 유대인들의 약속과 전통 속에 기록된 것이며, 또 다른 하나는 이방인들의 가슴과 양심에 있다. 그러나 그 법을 주신 분은 똑같은 하나님으로서, 유대인들에게는 언약을 통해서 알려졌으며, 이방인들에게는 피조물을 통해서 알려진 분이다. 즉 유대인뿐만 아니라 이방인도 언약(율법) 없이도 하나님이 창조한 피조물을 통해서 하나님을 알 수도 있고 만날 수도 있다는 것이다.

지금 누가의 바울도 똑같은 주장을 펼친다. 아테네 사람들이 예배하는 "알지 못하는 신"이 바로 창조주 하나님이며, 그들도 "하나님을 더듬어 찾기만 하면 만날 수 있을 것"이라고 한다. 왜? "하나님은 우리 각 사람에게서 멀리 떨어져 계시지 않고", "우리도 하나님의 자녀"로서 "우리는 하나님 안에서 살고, 움직이고, 존재하고 있기" 때문이다. 특히 누가의 바울은 "우주와 그 안에 있는 모든 것을 창조하신 하나님께서는 하늘과 땅의 주님이시므로, 사람의 손으로 지은 신전에 거하지 않으신다"(24절)고 증언한다.

그렇다면 사람은 어디서 하나님을 찾고 만날 수 있는가? 사람이 지은 신전이 아니라, 하나님이 지으신 '창조 세계'에서이다. 인간은 창조 세계 속에서 하나님을 더 가까이 만나고, 하나님의 뜻을 배우고 깨달을 수 있다. 실제로 '그리스인'들도 초기에는 건축물 없이 야외의 '숲 자체를 신전으로 삼아' 신을 경배하는 의례를 거행했었다.

복음서 말씀 | 요 3:1-16

"하나님께서 세상을 이처럼 사랑하셔서 외아들을 주셨으니, 이는 그를 믿는 사람마다 멸망하지 않고 영생을 얻게 하려는 것이다."(새번역)

요한복음 3:1-21은 '예수님과 니고데모와의 대화'이다. 이 대화 앞부분의 주제는 '거듭남'인데, 복음서 저자는 1-10절에는 '다시 태어남'과 '성령으로 남'이라는 은유를 통해서 옛 삶은 가고 새 삶이 시작되었다는 그리스도인의 급진적 변환을 그려내고 있다. 거듭나는 것, 성령으로 나는 것은 과거의 정체성과 존재 방식에 대해서 죽고 새로운 정체성, 하나님의 영을 중심에 둔 존재 방식으로 태어나는 것을 뜻한다. 이렇듯 '거듭남'은 그리스도교의 핵심으로, 그리스도인의 삶의 목적과 전망을 보여주는 주요한 이미지다. 그것은 그리스도인의 변환, 그리고 궁극적으로는 세상의 변환으로 이어진다. 하나님의 영으로 태어난 사람들은 정의롭고 평화로운 세상을 향한 하나님의 열망에 더 열심히 함께하기 때문이다.

이는 결론 격인 요 3:16에서 확인할 수 있다. 이제 요 3:16이 요한복음의 맥락에서 무엇을 의미하는지 자세히 살펴보자.

하나님이 세상을 이처럼 사랑하사: 하나님이 사랑한 것은 '세상'이다.

'교회'도 아니고, '성도'도 아니고, '크리스천'도 아니고, '인류'도 아니다. '당신' 또한 아니다. 하나님이 사랑한 것은 분명히 '세상'이다. 여기서 말하는 '세상'은 뭘까? 요한복음에 나오는 '세상'에는 두 가지 서로 다른 뜻이 있다. 하나는 긍정적인 의미이다. '세상'은 하나님이 창조한 '세상,' 즉 모든 피조물이다. 다른 하나는 부정적인 의미이다. 그것은 인간이 만들어 낸 문화와 지배 체제를 뜻하는 '이 세상'이다. 요한복음에서 그리고 바울의 친서에서 '이 세상'은 예수를 거부한다. 그러나 하나님은 하나님이 창조한 세상— 당신과 나뿐만 아니라, 크리스천만이 아니라, 인류만이 아니라 모든 피조물 —을 사랑한다.

독생자를 주셨으니: 요한복음에서 아들을 '주는' 것은 예수의 죽음이 아니라 '성육신'을 가리킨다. 하나님은 세상을 얼마나 사랑하는가? 하나님은 기꺼이 인간이 되어 세상에 왔을 만큼 세상을 사랑한다.

이는 그를 믿는 자마다: 성경 일반에서와 마찬가지로 이 구절에서 '믿음'이란 예수에 관한 신학적 주장을 믿는 걸 의미하는 게 아니라 예수를 '사랑하는' 것, 예수에게 마음을 바치는 것, 예수에 대한 충실과 충절, 헌신을 의미한다. 이는 새로운 삶으로 나아가는 길이다.

멸망하지 않고 영생을 얻게 하려 하심이라: '영생'은 흔히 죽음 이후의 축복받은 내세를 의미하는 것으로 이해된다. 그러나 요한복음에서 영생은 현재의 경험이다. '영생'으로 번역되는 헬라어 단어는 '다가올 시대의 삶'을 의미한다. 요한복음의 신학에서 이는 여전히 미래의 것이며 희망의 대상이다. 하지만 그것은 또한 현재의 것으로, 현재 알 수 있고 경험할 수 있는 무엇이다.

요 17:3을 보라. "영생은 오직 한 분이신 참 하나님을 알고, 또 아버지께서 보내신 예수 그리스도를 아는 것입니다." (Now this is eternal life: that they may know you, the only true God, and Jesus Christ, whom you have sent.) 여기서 현재 시제에 주목하라. 영생(다가올 시대의 삶)은 하나님과 예수를 아는 것이다. 지금 하나님과 예수를 아는 것은 이미 다가올 시대의 삶에 참여하는 것이 된다.

그러므로 요한복음 3:16은 미래에 천당 가기 위해 지금 예수에 관한 일련의 진술을 믿는 것을 말하는 게 아니다. 이 구절은 예수를 사랑하는 것, 그리고 예수를 통해, 성육신을 통해 알려진 하나님을 사랑하는 것, '다가올 시대의 삶'에 지금 진입하는 것을 이야기한다. 이 구절은 믿지 않는 자들은 지옥에 간다고 이야기하는 게 아니다. 이 구절은 지금 하나님과 함께하는 삶으로 나아가는 길에 관해 이야기하고 있다.

그렇다면 그리스도인들은 어떻게 예수를 사랑하고, 하나님을 사랑하며, '다가올 시대의 삶'에 지금 진입할 수 있을까? 하나님이 기꺼이 인간이 되어 세상에 왔을 만큼 사랑한 그 창조 세계를 사랑함으로써 가능하지 않을까?

하나님이 성육신하신 이유는 인간의 구원뿐만이 아니라 창조 세계 전체의 구원 때문이었다. 그런데 인간은 자신의 탐욕과 편리를 위해서 창조 세계를 망가뜨렸다. 그 결과가 지금 발등의 불인 기후위기로 인한 인류 대멸종의 위험이다. 그 위기를 막아내고자 전 세계 각국은 2050 탄소중립을 목표로 하고 있다. 이에 발맞춰 한국교회는 선제적으로 2040 탄소중립을 선언했다. 탄소중립 실현 방법은 의외로 간단하다. (1) 친환경 재생에너지로 에너지전환을 이루고, (2) 탄소금식을 통해 탄소배출을 최소화하고, (3) 나무 심기 등을 통해 탄소흡수원을 늘리는 것 등이다. 이 세 가지 일을 열심히 실천해야 하는데, 우리의 주제가 '숲'이므로 마지막으로 이 문제에 대해서 언급하고자 한다.

숲, 다시 희망을 심자!

케냐 출신 왕가리 마타이 여사는 사막화되어 가는 아프리카를 살리기 위해 나무 3,000만 그루를 심은 사람이다. 2004년에 노벨평화상을 받으면서 그녀는 이렇게 연설했다.

숲에 불이 나면 모든 동물이 도망갑니다. 그런데 달아나지 않고 숲을 지키는 동물이 있습니다. 바로 '벌새'입니다. 손가락 한 마디 정도밖에 되지 않는 이 작은 새는 숲에 불이 나면 개울가에서 그 작은 부리로 물을 머금고 와서는 불붙은 나무 위에 뿌립니다. 숲을 집어삼킬 수도 있는 큰불에 비하면 벌새의 이런 행동이 하찮게 보일 수도 있습니다. 나는 이 벌새에게서 인류가 가야 할 길을 찾을 수 있다고 생각합니다. 60억 인류가 벌새가 되어 한 사람 한 사람이 평생 나무 10그루를 심는다면 지구온난화 문제를 해결할 수 있습니다. (《한 그루 나무를 심으면 천 개의 복이 온다》, 도서출판 사우, 2017)

"내일 지구의 종말이 올지라도 나는 오늘 한 그루의 사과나무를 심겠다." 사람들은 이 멋진 말을 스피노자가 한 것으로 아는데, 실은 개혁자 루터가 한 말이다. 이 말은 기후위기 시대에 우리에게 하나의 대안을 제시해 준다. 바로 이 같은 자세가 위기의 시대에 최선의 대안일 것이다. 나무에 물 한 모금이라도 뿌리려고 날아다니는 벌새가 있는 숲은 희망이 있다. 마찬가지로 나무를 심고 숲을 만드는 사람들이 있는 한, 지구에는 희망이 있다.

끝으로 노래 한 곡을 소개하고자 한다. 제목은 '우리의 하루'인데, "Simple Life"라는 미얀마 노래를 2016년에 '하자작업장학교' 학생들이 번안해서 부르기 시작해서, 현재 많은 대안학교에서 불리고 있는 히트곡이다.

이 세상이 어둡고 너무나 아프고 답답해도
나는 눈을 감지 않고 마주할 거야
이 세상에 나 하나가 눈 부신 해가 되진 못해도
우리가 모두 모이면 밝힐 수 있어
영웅이 되지 않아도 내 이름 아는 사람 없어도

내 평범한 하루로 세상을 바꾸네

우리가 살고 싶은 하루 만들 수 있는 하루

웃으며 꿈꾸는 하루 그렇게 살아가는 거야

이 세상은 불타는 숲 그러나 도망가지 않겠어

우리가 모으는 물방울 그 하나하나가

이 세상의 숲과 마을 조금씩 되살릴 수 있다면

언제까지라 해도 온 힘 다할 거야

이 노래를 부른 청소년들은 기성세대가 망가뜨린 현재 지구에서 살아가면서도 결코 희망을 잃지 않고 꿋꿋하게 현실을 직시하면서 힘 합쳐 이겨 내겠다고 한다. 얼마나 대견한가! 벌새 한 마리는 미약하지만 수백 만, 수천 만이 모이면 큰 힘을 발휘한다. 마찬가지로 우리 한 사람 한 사람은 힘이 없지만, 모이고 연대하면 막강한 힘이 생긴다. 그 힘으로 함께 나아갈 때 숲이 복원되고 희망이 살아나는 새로운 길이 열리고 마침내 세상이 달라질 것이다. 아멘.

정원진 목사(서울제일교회)

산, 하나님의 행복

이사야 65:17-25, 시편 48:1-11, 로마서 8:18-28, 마가복음 16:14-18

구약의 말씀 | 사 65:17-25

"나의 성산에서는 해함도 없겠고 상함도 없으리라. 여호와께서 말씀

하시니라."

거룩한 산, 해함도 상함도 없게

이사야 65-66장은 이사야 예언서의 마지막 장이다. '새 하늘과 새

땅'(65:17, 66:22), '이방종교'(65:3-4, 66:17), '보응'(66:6-7, 66:6), '여

호와의 종'(65:8, 66:14)이라는 공통된 주제와 어휘를 사용하여 이 두

개의 장이 서로 연결된 본문임을 보여준다. 65장은 크게 세 부분, 우

상을 숭배하고 이교 문화의 풍습에 따르는 이들에 대한 하나님의 보응

(1-7절), 주님의 종들과 죄인들이 분리되어 서로 다른 운명을 맞을 것이라는 선포(8-16a절), 이에 따른 결과로 예루살렘에서 펼쳐질 새로운 창조(16b-25절)로 나눌 수 있다.

특별히 오늘 묵상할 말씀인 사 65:17-25은 제3이사야(56-66장)의 중요한 주제인 '구원과 의'의 문제에 대한 하나님의 대답이다. 17절은 "왜냐하면 보라!"(כִּי־הִנְנִי/키-힌네)로 시작한다. 이는 왜 우리가 "정의를 지키며 의를 행해야 하는가"(사 56:1)에 대한 근거로, "왜냐하면 보라! 내가 새 하늘과 새 땅을 창조하기" 때문이라고 하나님은 대답하신다. 인간들은 어떻게 하나님의 의를 열방에서 실천하고 증거할 수 있을까? 그 방법은 오직 하나님의 직접적인 개입으로, 하나님께서 인간과 세상을 다시 창조하실 때에만 가능하다. 이렇게 하나님이 '하늘과 땅'을 새롭게 창조하신다면, 그 첫 번째 결과로 이전 것은 전혀 기억되지 않게 될 것이다. 여기에서 '창조하다'의 뜻으로 쓰인 히브리어 동사는 בָּרָא(바라)인데, 창세기에서 9번, 그리고 이사야 40-66장에서 19번 나타나고, 그 주어는 언제나 하나님이다. 그러므로 בָּרָא(바라)가 17절에 쓰인 것은 새 하늘과 새 땅이 하나님에 의해서 만들어 질 것이라는 점을 강조하기 위한 의도적 사용이라고 할 수 있다. 그러나 여기에서의 하늘과 땅의 새로운 '창조'는 이전의 하늘과 땅을 파괴하고 새롭게 창조한다는 것이 아니라, 이전의 곤경들과 위협들이 사라지게 됨을 의미한다. 즉 새 창조는, 혼돈과 무질서를 초래하는 위협의 힘이 사라지고 평화의 상태, 우리가 딛고 서 있는 이 땅에 도래할 새로운 질서와 새로운 사회를 가리킨다.

　　18절은 새 하늘과 새 땅 창조의 두 번째 결과로서, 하나님의 백성에게 즐거워하고 기뻐하라고 명하신다. 18b절을 〈개역개정〉은 "보라 내가 예루살렘을 즐거운 성으로 창조하며 그 백성을 기쁨으로 삼고"로, 〈새번역〉은 "보아라, 내가 예루살렘을 기쁨이 가득 찬 도성으로 창조하고, 그 주민을 행복을 누리는 백성으로 창조하겠다"로 번역하였다. 그러나 히브리어 원본을 직역하면 "왜냐하면 보라! 내가 예루살렘을 즐거움으로, 그[예루살렘]의 백성을 기쁨으로 창조할 것이다"이다. 그러므로 이 구절은 예루살렘이 즐거움 그 자체, 예루살렘의 백성이 기쁨 그 자체가 되게 창조할 것이라는 하나님의 의지를 보여준다. 뿐만 아니라 즐거움과 기쁨 그 자체인 새 예루살렘과 새 백성으로 인해 하나님도 즐거워하며 기뻐하신다(19a절).

　　하나님은 이제 새 하늘과 새 땅의 창조에 대한 구체적인 상황을 예고하신다. 이는 주전 6세기 말, 바벨론 포로기의 상황을 고려할 때, 본문의 묘사는 역으로 그동안 이스라엘이 겪었던 괴로움의 내용이 된다. 즉 그들은 살아남기 위해 몸부림쳐야 했고, 이스라엘 사회에는 슬픔과 고통으로 울부짖는 소리가 끊이지 않았으며, 수명을 채우지 못하고 전쟁과 질병에 의해 죽는 사람들도 많았다. 그들의 모든 노동과 수고는 착취당했고, 그들의 자식들 또한 모두 전쟁과 재난에 희생물이 되었다. 그러나 새롭게 창조될 예루살렘 "그 가운데에서" 다시는 슬픔과 괴로움으로 우는 소리나 부르짖는 소리가 들리지 않을 것이며(19b절), 수명이 다 하지 못한 채 죽는 일이 없을 것이며(20절), 모두가 그 일한대로 대가를 받고 누릴 것이다(21-22절). 그들의 자식들은 재난을 당하지 않고, 대대손손 함께 복되게 살 것이며(23절), 나아가 하나님과의 관계가 회복되어, 하나님은 그들이 부르기 전에 응답하시고, 그들이 말을 마치기 전에 들으실 것이다(24절).

새로운 예루살렘의 마지막 예고는, 이미 사 11:6-9에 언급한 것과 같이 '이리와 어린 양', '사자와 소', '뱀' 등 맹수와 가축이 함께 어울리는 것이다(25a절). 하나님이 새 하늘과 새 땅을 창조하실 때에는 짐승 세계에서도 놀라운 평화가 이루어질 것이다. 이러한 새 창조는 창세기 1-3장을 배경으로 하며, 인간에 의해 파괴된 본래의 창조 질서를 회복하는 것이 목적이다. 이제 더 이상 산은 황폐하고 공격적이지 않을 것이다. 그것은 하나님의 거룩한 산이 될 것이다. 왜냐하면 그 곳에서는 더 이상 서로를 향한 해함도 없고, 상함도 없기 때문이다(25b절).

시편의 찬양 | 시 48:1-11

"여호와는 위대하시니 우리 하나님의 성, 거룩한 산에서 극진히 찬양 받으시리로다 터가 높고 아름다워 온 세계가 즐거워함이여 큰 왕의 성 곧 북방에 있는 시온산이 그러하도다."

거룩한 산, 우뚝 솟아 피할 수 있게

시편 48편은 고라시편에 속하며, 시편 46편과 마찬가지로 뭇 나라들 가운데서 영광을 받으시는 하나님에 대한 찬양을 담고 있다. 이 시편

48편에는 '시온'(ציון/시온) 또는 시온 산(הר־ציון/하르-시온)이 집중적으로 등장하며(2절, 11절, 12절), 또 '시온'에 대한 다양한 표현들, 예컨대 '우리 하나님의 성'(1절, 8절), '거룩한 산'(1절), '큰 왕의 성'(2절), '하나님의 궁중'(3절; 13절은 궁전), '주의 전'(9절)이 사용되었다. 때문에 이 시편을 '시온의 노래'라고도 부른다.

'시온의 노래'(שיר ציון/쉬르-시온)라는 표현은 시 137:3에 근거한다. 문제는 '시온 산에서 부르는 노래'인지 아니면 '시온 산을 위해 부르는 노래'인지가 명확하지 않다는 것이다. 그러나 시편에서 시온/시온 산을 노래한 시가 자주 등장하므로, 시온의 영광과 시온을 향한 하나님의 특별한 보호하심을 찬양하는 것으로 보는 것이 무난할 것이다. 이 시편이 '시온의 노래'로서 특별한 의미를 갖는 것은 그 시온 산에 하나님이 거하시기 때문이며(시 46:5), 백성들이 그 시온으로 올라와서 하나님께 감사의 예배를 드리기 때문이다(시 122:4). 즉 시편 48편의 궁극적인 목적은 시온 산 자체를 높이는 것이 아니라, 그 시온 산에 거하시는 하나님을 찬양하는 것이다. 이러한 내용은 그 구조를 보면 더욱 명확하다.

A 시온 산과 거기 거하시는 하나님을 찬양(1-3절)
   B 열방/대적자들을 향한 하나님의 위엄(4-7절)
   B′ 이스라엘을 향한 하나님의 인자와 정의(8-11절)
A′ 시온 산과 거기 거하시는 하나님을 찬양(12-14절)

3절의 אַרְמוֹן(아르몬)을 '궁전'(개역개정)으로 번역하였으나 '요새'(새번역) 또는 '성채'(공동번역)로도 번역 가능하다. 시편 48편의 컨텍스트가 전쟁이라는 점에서는 더더욱 "요새"가 적합한 표현이다. 아마도 시인은 예루살렘 요새의 이미지를 생각하며 시온 산을 노래했을 것이다. 즉 시온 산은 그 어느 곳보다도 안전한 곳이다. 왜냐하면 그 곳은 하나님의 거처이며, 그 하나님이 우리를 위해 '피난처'가 되시는 곳이기 때문이다(시 46:1, 7, 11). 구조에서 볼 수 있듯이 4-7절과 8-11절(B와 B′)은 명확한 대조를 이루고 있다. 열방의 왕들이 하나님의 성 시온을 대적하기 위해 함께 모여 진격하였으나 그들에게 하나님은 심판자로서의 위엄을 보여주시고, 시온 산에서 예배하는 하나님의 백성들에게는 인자와 정의로 지키시는 사랑과 구원의 하나님으로 나타나신다. 하나님이 거주하시는 아름답고 높이 솟은 거룩한 산 '시온'은 "물을 주는 생명이 나가는 곳(시편 46편)이고, 온 땅이 안정되어 있는 곳이며(시 78:68), 세계 산이라 불리기 때문에 그(하나님)는 행복하다"(Frank-Lothar Hossfeld, Erich Zenger, *Die Psalmen, Die neue Echter-Bibel*, 297).

창조절 묵상을 위해 소개된 위 두 개의 구약 본문은 모두 '거룩한 산'을 소개하고 있다. 우리의 이기심으로 짓밟히고 황폐화된 산은 오늘날 우리 인간들과 동·식물들에게 더 이상 호의적이지 않다. 오히려 산은 위험과 공포의 존재가 되었다. 그러나 하나님에 의해 새롭게 창조될 그 날에, 산은 다른 존재를 해하지도 않을 것이며 상하게 하지도 않을 것이다(사 65:25). 우리를 슬프고 괴롭게 만드는 모든 것이 사라질 새 창조의 날, 해함과 상함을 당한 자연에게도 평화가 회복될 것이기 때문이다. 새 창조의 날, 이제 더 이상 자연은 우리의 적이 아닐 것이며, 우리도 자연의 적이 아닐 것이다. 이제 회복된 산은 거룩한 하나님의 임재에 따라 함께 거룩해 질 것이며, 하나님의 성품을 따라 인자와 정의로 모든 피조물의 피난처가 되어 줄 것이다(시 48:8-11).

서신서 말씀 | 롬 8:18-28

"피조물이 다 이제까지 함께 탄식하며 함께 고통을 겪고 있는 것을 우리가 아느니라."

크티시스, 탄식하지 않게

롬 8:18-28에서 사도 바울은 우리가 겪고 있는 현재의 고통이 장차 나타날 영광과 비교할 수 없는 것이라고 말한다. 여기에는 하나님께서 만드신 창조세계가 경험하고 있는 현실적 고통도 함께 포함되어 있다. 바울은 이를 강조하기 위해 특별히 $\kappa\tau\iota\sigma\iota\varsigma$(크티시스)라는 단어를 반복적으로 사용한다(19, 20, 21, 22절). $\kappa\tau\iota\sigma\iota\varsigma$(크티시스)는 창조물, 피조물, 혹은 창조세계 등으로 번역할 수 있는데, 이에 대하여는 학자들의 다양한 해석들이 존재한다. 문제의 쟁점은 $\kappa\tau\iota\sigma\iota\varsigma$를 '인간을 제외한' 창조물로 볼 것인가 아니면 '인간을 포함한 모든' 창조물로 볼 것인가이다.

전자의 경우, $\kappa\tau\iota\sigma\iota\varsigma$가 허무한데 굴복하게 된 것(20절)은 범죄한 아담에 대한 하나님의 심판의 결과이며(창 3:17 "땅은 너로 말미암아 저주를 받고"), 심판 받은 *κτίσις*가 현재까지도 고통 받고 탄식하고 있다고 주장한다. 즉 하나님의 심판의 대상이 오직 인간을 제외한 창조물에 있음을 강조한다. 그러나 하나님의 저주는 뱀과 땅에만 내려진 것이 아니라, 인간인 아담과 하와에게도 내려졌다. 오히려 하나님의 심판의 초점은 불순종한 인간에게 있으며, 하나님의 진노의 대상은 인간을 포함한 창조물 모두에게 내려지고 있다(창 3:14-19). 그러므로 여기에서 *κτίσις*는 "인간을 포함한 전체 창조세계"로 이해하는 것이 적합하다.

이제 *κτίσις*는 고대한다(19절). 이제 *κτίσις*는 썩어짐의 종노릇 한데서 해방되어 영광의 자유에 이르기를 갈망한다(21절). '간절히 열망'하고 '간절히 기다린다'는 표현은 *κτίσις*의 인격적인 행동으로 의식적이면서 또한 의지적인 동기를 나타내는 것이다. 그래서 바울은 22절에서 인간을 포함한 모든 창조 세계가 "함께" 탄식하며 "함께" 고통을 겪는다고 말한다. '모든 창조 세계'가 '함께' 한 목소리로 소리를 내고, 무엇인가를 '함께' 겪는다는 것은 인간과 다른 피조물이 서로 깊게 연결되어 있다는 것을 나타내고 있을 뿐 아니라, 이들이 갈망하고 기다리고 있는 것 또한 같다는 것을 보여준다. 그러므로 인간과 다른 피조물은 하나님의 전체 창조 세계 안에서 상호 의존적 관계를 가진 공동체임을 잊지 말아야 한다. 이 공동체적 동일한 경험과 동일한 갈망을 통한 인간과 다른 피조물의 탄식은 성령의 탄식으로 이어진다(26절). 성령의 탄식은 성령의 간구로 이어지고(27절), 마침내 모든 창조 세계가 합력하여 선을 이루게 될 것을 확신한다(28절).

"또 이르시되 너희는 온 천하에 다니며 만민에게 복음을 전파하라."

크티시스, 구원에 이르게

막 16:14-18은 예수께서 부활하신 후에 그의 제자들에게 나타나 말씀하신 '복음전파'에 대한 명령이다. 이 명령은 마가복음 외에도 마 28:16-20과 눅 24:36-49에도 기록되어 있다(참조. 요 20:19-23과 행 1:6-8). 각기 독특한 면과 동시에 상호보완적인 측면도 함축하고 있는 이 구절들은 교회사 속에서, 여전히 오늘날까지도 세계선교의 불을 붙여온 유명한 구절들이다. 각 본문을 비교해보면 다음과 같다.

"너희는 온 천하에 다니며 **만민**에게 복음을 전파하라"(막 16:15)

"그러므로 너희는 가서 **모든 민족**을 제자로 삼아 아버지와 아들과 성령의 이름으로 세례를 베풀고 내가 너희에게 분부한 모든 것을 가르쳐 지키게 하라..."(마 28:19-20)

"... 예루살렘에서 시작하여 **모든 족속**에게 전파될 것이 기록되었으니 너희는 이 모든 일의 증인이라"(눅 24:47-48)

마 28:16-20은 마가복음과 마찬가지로 부활하신 예수께서 열한 제자를 갈릴리에 있는 지시한 산에 모아 마지막 명령을 주시는 장면을 서술하고 있다. 마태복음은 뚜렷한 유대적 특징에도 불구하고 유대인의 복음서라기보다는 오히려 이방인의 복음서라고 평가받고 있다. 이방인에 대해 제한되고 닫힌 태도가 아니라, 그리스도의 복음과 하나님의 구원을 "모든 민족"에게 완전히 개방하고 있기 때문이다. 마 28:19-20에는 네 개의 동사가 쓰였는데, "가라", "제자를 삼아라", "세례를 베풀어라" 그리고 "가르치라"이다. 이 네 단어 중 "제자를 삼아라"만이 명령형 동사로 쓰였고, 나머지 세 개는 분사형태로 쓰였다. 그러므로 이 문장에서 주동사는 "제자를 삼으라"이며, 명령의 의미를 띠는 3개의 종속 분사와 연결되어 있다. 즉 예수님은 먼저 "가서" 제자를 삼으라고 하신다. 그리고 "모든 민족"을 제자로 삼으라고 하신다. 그리고 이어서 두 개의 분사형인 "세례를 베풀고"와 "가르치라"는 명령이 뒤따른다.

　세 개의 복음서에 기록된 예수님의 복음전파 명령 중 가장 명확하게 차이가 나는 부분은 복음전파의 대상이다. 즉 '누구에게' 또는 '누구를'에 해당하는 목적어이다. 이에 대해 마가는 만민에게, 마태는 모든 민족에게, 그리고 누가는 모든 족속에게 전하라고 한다. 먼저 마태복음에서는 $\pi\acute{a}\nu\tau\alpha$ $\tau\grave{a}$ $\check{\epsilon}\theta\nu\eta$(판타 타 에트네)를 사용하여 "모든 민족"으로 번역했다. 여기에 쓰인 헬라어 $\check{\epsilon}\theta\nu\eta$(에트네)는 해석하는데 세 가지의 다른 시각들이 있다. 즉 $\check{\epsilon}\theta\nu\eta$(에트네)를 종족/민족 단위로 보기도 하고, 문자 그대로 이방인만을 의미한다고 보기도 하며, 또 다른 뜻으로 유대인을 포함한 모든 민족이라고 주장하기도 한다. 마태복음에서 $\check{\epsilon}\theta\nu\eta$는 관사 $\tau\grave{a}$(타)와 함께 붙어서 8번 나타나는데, 이때 기본적으로 $\check{\epsilon}\theta\nu\eta$는 "이방인"을 의미한다. 그런데 마 21:43에서 $\check{\epsilon}\theta\nu o s$(에트노스)가 관사 $\tau\grave{a}$(타)

없이 사용되었는데, 이때는 "민족" 또는 "족속"이라는 개념에서 유대인을 제외시키지 않고 있음을 보여준다. πάντα(판타)가 붙은 ἔθνη(에트네)는 마 24:9, 14, 25:32, 그리고 28:19에 나타나는데, 이는 어떤 구별이나 제한이 없는 모든 사람들 또는 모든 민족을 의미한다. 이로써 마태복음의 ἔθνη(에트네)가 가장 먼저 그리고 가장 많이 이방인들을 나타내고 있으나, 기본적으로 유대인들을 모든 민족에 포함시키고 있다는 것을 알 수 있다. 즉 유대인과 이방인을 포함하는 새로운 종말론적 공동체의 출현을 의미한다고 볼 수 있다.

그러나 마가복음의 경우는 좀 다르다. '누구에게'에 해당하는 목적어는 "만민"이다. 여기에서 만민으로 번역된 헬라어는 로마서 8장에 쓰인 그 κτίσις(크티시스)이다. 이를 〈개역개정〉과 〈새번역〉은 "만민"으로, 〈공동번역〉은 "모든 사람"으로 번역했다. 그러나 κτίσις(크티시스)는 이미 위에서 한 번 설명한 대로 창조물, 피조물, 창조세계를 나타낸다. 이를 영어와 독일어 성경은 각각 "creation"과 "Schöpfung"으로 헬라어 원본을 그대로 살려서 번역하였다.

"And He said to them, Go into all the world and preach the gospel to *all creation*."(NASB)

"Und er sprach zu ihnen: Gehet hin in die ganze Welt und prediget das Evangelium der *ganzen Schöpfung*."(Elberfelder)

즉 마태와 누가는 복음을 전파할 대상으로 오직 인간과 인간군들에게만 제한하지만, 마가는 인간과 다른 피조물 곧 "온 창조세계"로 인식하고 있음을 알 수 있다. 그러므로 마가복음의 이 구절을 다시 해석하면 "너희는 온 천하에 다니며 모든 창조세계에 기쁜 소식, 평화의 소식을 전하여라"이다.

창조절 묵상을 위해 소개된 위 두 개의 신약 본문은 모두 κτίσις(크티시스), 즉 창조세계를 소개하고 있다. 두 본문을 통해 우리는 고통 받는 온 창조세계의 탄식 소리를 듣고, 이제 그 고통을 막고 다시 회복되게 하라는 주님의 새로운 명령을 깨닫는다. 즉 온 창조세계의 평화와 회복을 통한 구원의 기쁜 소식이 들려오도록 하라는 것이다. 그러므로 오늘 우리는 온 세계로 나아가서 모든 창조물에게 기쁜 소식을 전해야 한다. 왜냐하면 사 65:17−25에서 선포된 '새 하늘과 새 땅'이 아직 이스라엘 역사 가운데, 그리고 우리의 역사 가운데에도 이루어지지 않았기 때문이다. 우리의 세계는 강자들에 의한 착취와 지배가 계속되고 있으며, 그 속의 모든 피조물들은 여전히 고통 속에 탄식하고 있기 때문이다.

생태 신학자 토마스 베리는(Thomas Berry)는 인류의 가장 큰 범죄는 환경파괴, 즉 창조세계 파괴라고 하였고, 린 화이트(Lynn White)도 인간중심주의 사유가 창조세계 위기의 가장 큰 주범이라고 비판했다. 이에 레오나르도 보프(Leonardo Boff)도 공감하며 인간과 교회는 현 창조세계에 위기를 가져온 "공범자이며…, 교회는 이에 대해 충분할 정도로 비판적인 자세를 취하지 않았고 피조물과 존중의 관계 또는 경외의 관계를 맺도록 하는 신학적 논의를 시도하지 않았다"고 지적했다(레오나르도 보프, ≪생태신학≫, 84).

하나님의 창조세계는 태초에 인간을 비롯한 다른 피조물들이 서로 공존하며 살아가도록 만들어졌다. 인간과 다른 피조물은 자기 외의 다른 어떤 존재에 비해 더 우월하지도 않으며, 자기 외의 다른 어떤 존재를 위협해서도 안 된다. 이 둘은 오직 하나님의 동일한 피조물로서 서로 더불어 살면서, 서로에게 생명과 평화를 보존하는 장을 제공해야 한다.

온 창조세계는 "하나의 통합된 생태계로 이루어져 있다. 세계 안에 존재하는 각 존재들은 모든 다른 존재들과의 상호관계 안에서 존재하며, 상호관계에 의해 정의되어진다"(Ian Barbour, *Earth Might Be Fair*, 104). 즉 모든 생명체, 온 창조세계는 직접적으로나 간접적으로 연결되어 있기 때문에 상호 의존하고 있고, 또 상호 의존해야만 한다는 것이다. 그러므로 이제 우리는 우리의 삶을 온 창조세계를 고려하여 새롭게 구성해야 할 것이다. 인간은 하나님의 창조세계의 일부분으로서 다른 피조물에 대한 '정복과 지배 논리'를 '공존과 화해의 논리'로 바꿔야 한다. 또한 자연을 '그것'(It)으로 보지 말고 '나와 너'(I-Thou)의 관계로 보고 상호의존적, 존중적, 그리고 경외적 관계로 회복해야 한다.

박지온 목사(초동교회)

광야에서 여호와의 길을 예비하라

요엘 1:8-10, 17-20, 시편 18:6-19, 로마서 8:18-27, 마가복음 1:9-13

구약의 말씀 | 욜 1:8-10, 17-20

"여호와여 내가 주께 부르짖으오니 불이 목장의 풀을 살랐고 불꽃이 들의 모든 나무를 살랐음이니이다. 들짐승도 주를 향하여 헐떡거리오니, 시내가 다 말랐고 들의 풀이 불에 탔음이니이다."

예언자 요엘의 시대에 메뚜기 재앙과 극심한 가뭄이라는 무서운 두 가지 재앙이 이스라엘 백성을 덮쳤다. 온 땅은 폐허가 되었고, 곡식과 기름과 포도주가 떨어져 성전에서 매일 드리는 소제와 전제조차 드릴 수 없게 되었다(욜 1:13). 역사가 요세푸스는 이스라엘은 포위공격을 당하는 어려운 시기에도 제사를 중단하지 않았다고 전한다. 사제들과 성전 봉사자들의 슬픔과 불행의 강도를 가히 짐작할 수 있다.

그러나 요엘은 재앙과 가뭄을 임박한 '여호와의 날'에 대한 암시라고 예언적인 해석을 하고, 하나님의 현실과 대면하도록 공동체를 인도함으로써 예언자의 임무를 수행한다. 요엘은 여기서 처음으로 이 무서운 재앙과 가뭄의 배후에 전능자 하나님이 계신다는 것을 언급한다. "슬프다 그 날이여 여호와의 날이 가까웠나니 곧 멸망같이 전능자에게로부터 이르리로다."(15절) 임박한 여호와의 날의 징조는 도처에서 나타난다. "팥중이가 남긴 것을 메뚜기가 먹고 메뚜기가 남긴 것을 느치가 먹고 느치가 남긴 것을 황충이 먹었도다."(4절) "밭이 황무하고 토지가 마르니 곡식이 떨어지며 새 포도주가 말랐고 기름이 다하였도다."(10절) "가축이 울부짖고 소 떼가 소란하니 이는 꼴이 없음이라 양 떼도 피곤하도다."(18절) 요엘은 탄식하며 하나님께 부르짖는다. "여호와여 내가 주께 부르짖으오니 불이 목장의 풀을 살랐고 불꽃이 들의 모든 나무를 살랐음이니이다. 들짐승도 주를 향하여 헐떡거리오니 시내가 다 말랐고 들의 풀이 불에 탔음이니이다."(19-20절)

요엘은 하나님 앞에서 거듭 탄식만 할 수 있을 뿐이다. 그러나 그는 분명히 믿고 있다. 고난에 대한 탄식(1:2-12, 15-20, 2:1 이하)과 마음에서 우러나오는 진실한 회개(1:13-14, 2:12 이하)가 있을 때, 하나님께서는 자기의 땅을 극진히 사랑하시고 그의 백성을 불쌍히 여기시는 분이기에(2:18), "이른 비와 늦은 비는 예전과 같을 것"(23절)이며, 메뚜기와 느치와 황충과 팥중이가 먹어 치운 것은 그대로 갚아주실 것이다(24절).

자연재해는 오늘날 기후변화로 인해 예전과 비교할 수 없을 정도로 대규모로 발생한다. 19-20절은 지난 2019년 9월 발생해서 2020년 2월까지 장장 6개월 지속된 호주 대화재를 연상케 한다. 이 화재로 한반도 면적의 85%에 달하는 약 18만 6,000㎢의 숲이 잿더미가 되었다. 주택 1,300채를 포함하여 건물 5,700채가 전소되고, 소방대원 10명을 포함한 28명이 죽고, 4억 8,000만 마리의 동물이 죽거나 서식지를 잃었다.

호주는 따뜻하고 건조한 기후를 가져 대형 산불이 자주 발생하는 나라이기는 하다. 그러나 전문가들은 이례적인 대형 산불의 배경으로 기후변화를 지목하면서도 기후변화 문제에 대한 호주 정부의 소극적인 태도가 재난을 키웠다고 지적한다. 호주는 2019년 12월 18일 전국 기온이 섭씨 41.9도를 기록하며 사상 최고 기록을 세웠다. 호주는 1월에서 2월 사이 온도가 정점을 찍는데, 12월에 때이른 폭염이 찾아온 것이다. 화재로 인해 시드니 일대는 2020년 1월 4일 기온이 섭씨 48.9도까지 치솟았다. 기후변화와 화재가 직접적인 연관이 있다는 연구 결과는 없으나 온도가 오를수록 화재의 규모는 커지는 것으로 알려져 있다.

세계 최대의 석탄과 액화천연가스 수출국인 호주는 기후변화 문제에 대해 가장 미온적인 대처를 하는 국가 중 하나이다. 2019년 12월 스페인 마드리드에서 열린 제25차 유엔기후변화협약(UNFCCC) 당사국 총회(COP25)에서도 호주는 국제탄소시장 지침 타결에 반대하는 등 기후변화 문제에 대응하기 위한 세계 차원의 정책 마련에 반대해 왔다. 안타깝게도 이는 호주만의 문제가 아니다.

기후변화에 관한 정부간 협의체(IPCC)가 2021년 8월에 발표한 자료에 따르면, 산업화 이전(1850-1900년) 대비 2011-2020년의 지구 지표면 평균 온도는 섭씨 1.09도 상승했다. 이 추세면 2021-2040년 사이에 1.5도 이상 상승할 것으로 전망된다. 전 세계가 각고의 노력으로 인위적 온실가스를 줄인다고 해도 2081-2100년의 지표면 온도는 산업화 이전 대비 1.0-1.8도 상승할 것이다. 지구는 지금 고열을 앓고 있다.

2020년 배출량을 기준으로 온실가스 다배출 상위 10개국은 중국, 미국, 인도, 러시아, 일본, 독일, 이란, 한국, 사우디아라비아, 인도네시아 순으로 한국이 여덟 번째이다. 우리나라를 포함해서 온실가스를 많이 배출하는 산업국가들은 지구 생태계를 약탈적으로 사용하여 막대한 경제적 이익을 누려왔다. 반면에 온실가스 배출로 인해 발생한 기후 위기의 피해는 온실가스 저배출국가이자 저개발국가인 아시아, 아프리카, 중남미 지역의 국가들에 집중되고 있다. 그러나 생태계와 인간 사회 모두를 위해 생태학적인 삶의 전환이 이루어지지 않는다면, 머지않은 장래에, 하늘은 불에 타서 풀어지고 물질은 뜨거운 불에 녹아버리는(벧후 3:12) 여호와의 날이 임하여 지구 전체에 재앙적인 결과를 낳게 될 것이다.

무엇보다 약탈적인 자본주의 산업사회 안에서의 삶의 방식을 생태학적인 삶의 방식으로 전환하는 일이 시급하다. 이 방식은 절제와 자족, 에너지 소비제한, 쓰레기 배출을 최소화하는 일로 바꿔 표현할 수 있다. 현재의 탐욕적인 삶의 방식에 대한 탄식과 회개, 생태학적인 삶의 전환이 뒤따른다면, 하나님께서 약속하신 대로 종말의 대재앙 속에서 죽어가는 모든 것들을 살리기 위해(욜 2:28-32, 행 2:16-21) 하나님의 영이 모든 육체에 부어지며, "누구든지 주의 이름을 부르는 자는 구원을"(행 2:21) 받게 될 것이다. 하나님의 생명의 영의 부으심과 함께 죽어가는 모든 만물의 새로운 창조가 시작된다. "그의 약속대로 의가 있는 곳인 새 하늘과 새 땅"(벧후 3:13)이 새롭게 임한다.

시편의 찬양 | 시 18:6-19

"내가 환난 중에서 여호와께 아뢰며 나의 하나님께 부르짖었더니 그가 그의 성전에서 내 소리를 들으심이여, 그의 앞에서 나의 부르짖음이 그의 귀에 들렸도다."

시편은 물론, 성경 전체에서 이 시인만큼 구원하시는 하나님을 자신의 찬송 언어로 다양하게 찬양하는 사람은 아마 없을 것이다. 하나님은 "나의 힘", "나의 반석이시요 나의 요새시요 나를 건지시는 이시요 나의 하나님이시요 내가 그 안에 피할 나의 바위시요 나의 방패시요 나의 구원의 뿔이시요 나의 산성이시로다."(1, 2절) 그는 하나님께서 자신을 위해서 해주신 일과 해주시리라고 기대하는 것을 여러 방식으로 묘사하기도 한다(6, 16, 17, 18, 19절 등등).

그런데 지금 시인은 "강한 원수와 미워하는 자"(17절)들로부터 이루 말할 수 없는 핍박을 당하고 있다. 그들은 사냥감을 사냥하는 사냥꾼처럼 '사망의 줄'과 '불의의 창수'로 그를 위협하고(4절), '스올의 줄'과 '사망의 올무'로 그를 두렵게 한다(5절). 이 표현들은 지금 그가 혼자 힘으로는 도저히 감당하기 힘든 절망적인 상황에 내몰려 있다는 것을 말해준다. 죽음이 목전에 임박해 있다. 하지만 시인은 지쳐 쓰러지지 않고, 자신의 구원이 오직 하나님께로부터만 온다는 것을 재차 확인하며 하나님께 찬송과 영광을 돌린다. "나를 넓은 곳으로 인도하시고 나를 기뻐하시므로 나를 구원하셨도다."(19절) 시편 18편은 이같이 평범한 일상생활은 물론이고 갖가지 위기 상황에서 그 어떤 것도 끊을 수 없는 하나님의 사랑을(롬 8:39) 체험한 사람만이 고백할 수 있는 찬양시다.

그래도 시인은 우리와 비교하면 복 있는 사람의 처지라 할 수 있을 것이다. 그는 그에게 닥친 위기와 위험을 감지하고 대처할 수는 있었다. 수백만 년 전부터 인간은 위험이 닥치면 의식적으로 생명을 보존하려고 위기에 다양하게 대처해 왔다. 두려움이 닥치면 경각심을 가지고 감각 기능을 자극하면서 다가오는 위협을 제때에 적절한 방식으로 대처하며 살아왔다. 인류의 문화발전사를 보면 그런 흔적을 숱하게 볼 수 있다. 예컨대 홍수의 범람을 막기 위해 댐을 건축하거나 피뢰침으로 번개를 예방하는 등, 잘 알려진 위험에 대처하는 능력을 발휘해 왔다.

그러나 오늘날 우리는 미처 알지 못하는 치명적인 위험요인들에 많이 노출돼 있다. 1986년 구 소련의 체르노빌 원자로 폭발로 죽음의 방사선이 다량으로 방출되었을 때 사람들은 냄새를 맡지도 못하고, 보거나 맛보지도 못한 채 대재앙을 맞이했다. 2011년 3월 11일 동일본 대

지진의 여파로 후쿠시마 원자력 발전소에서 폭발 사고가 발생했다. 일본 정부는 이 사고의 수준을 레벨 7로 발표했는데, 이는 국제원자력사고등급(INES) 중 최고 위험단계로 체르노빌 원전사고와 동일한 등급이다. 문제는 2023년 7월부터 일본 정부가 원전 폐수를 바다로 방류하고 있다는 점이다. 죽음의 방사성 물질을 포함한 폐수가 전세계 바다를 오염시키고 있다. 눈으로 위험물질을 확인할 수 없고, 귀로도 위험을 감지하지 못하고, 코로 냄새를 맡을 수도 없다. 이 말은 세계의 현상을 지금대로 유지할 수 없다는 것을 뜻한다. 세계의 현상 유지는 단지 우리의 꿈이고 희망 사항일 뿐이라는 점이다.

어떻게 해야 하는가? 세계의 목을 서서히 조여오는 이 심각한 위기 상황에서 우리가 할 수 있고 해야 하는 일은 무엇인가? 우리의 희망사항이 아니라 하나님의 역사, 하나님의 구원 행동을 추구해야 한다. 시편의 시인처럼 하나님께 부르짖으며, 주께서 가르쳐주신 기도문의 첫 문단대로 하나님의 세계가 이루어지기를 기도해야 한다. 놀랍게도, 그러한 기도는 '민중의 아편'처럼 사람들로 현실을 잊게 만드는 것이 아니라, 정반대로 세속 세계가 만들어 놓은 마비수단을 깨뜨린다.

그리스도교 소망은 단순한 기다림도 아니고 학수고대하는 것도 아니다. 하나님이 그리스도의 부활과 함께 주시겠다고 약속한 것들을 창조적으로 기대하는 소망이다. '새 하늘과 새 땅'(계 21:1)의 우주적 부활의 환희와 함께 우리는 현 세계의 대재앙, 곧 죽음의 방사성 물질과 기후변화의 공포, 자연재해에 대응할 수 있다. "그들이 나의 재앙의 날에 내

게 이르렀으나 여호와께서 나의 의지가 되셨도다.”(시 18:18)

그리스도께서 살아계시고, 세상을 다스리신다. 생명의 영은 이미 우리를 ‘죄와 사망의 법’에서 해방하였다(롬 8:2). 그리스도 예수 안에서 일어난 변화는 이미 우리의 것이 되었다. 그분 안에 나타난 생명(요일 1:2)은 우리의 생명이다. 우리의 삶의 영역은 어둠과 죽음, 악의 권세를 이기신 부활하신 주님의 영역에 감싸여 있다. 이 생명의 영의 능력을 힘입어 우리는 장차 올 것이 오는 길을 준비할 수 있다. 자유의 나라를 꿈꾸는 사람은 ‘지금 바로 여기서’ 정치적 압제와 경제적 착취에서 벗어나려고 노력하고, 그렇게 일을 추진해야 한다. 이 땅에 새로운 정의가 이루어지기를 바라는 사람은 ‘지금 바로 여기에서’ 땅을 존중하고, 이 땅에서의 삶에 경의를 표하며, 땅을 착취하고 파괴하는 행위에 저항해야 한다. 새 하늘과 새 땅의 비전과 함께 이 땅의 모든 생명과 연대하려는 소망의 삶은 기존 권력의 역학 관계에 조화를 주는 것이 아니라, 오고 있는 것과 한목소리를 발하는 조화를 만들어 줄 것이다.

서신서 말씀 | 롬 8:18-27

“피조물이 다 이제까지 함께 탄식하며 함께 고통을 겪고 있는 것을 우리가 아느니라.”

시편 18편을 해석하며, 그리스도의 부활에는 우주적 차원이 있음을 말하였다. 이 우주적 차원을 그리스도의 부활의 종말론적 차원이라 달리 말할 수도 있다. J. 몰트만이 말했듯이, 그리스도의 부활은 도래하는 하나님의 새로운 세계의 표지이고 약속이며 시작이다. 몰트만에 의하면, 부활의 메시지는 분명히 인간의 미래에 희망을 제시하지만, 그것이 기대하고 시작하는 새로운 세계는 구속과 죽음에서 벗어나기를 바라며 탄식하는 피조세계 전체를 위한 희망을 포함한다. 바울이 로마서 8장에서 언급한 내용은 이 놀라운 깨우침을 담고 있다.

바울은 하나님의 영으로 인도함을 받는 사람은 하나님의 자녀(롬 8:14)라고 하면서, 인간의 영적 경험을 보편적이고 우주적인 기대와 연결하며 모든 피조물과 우주적 연대를 결성한다. "피조물이 다 이제까지 함께 탄식하며 함께 고통을 겪고 있는 것을 우리가 아느니라."(22절) 인간의 "죽을 몸의 사욕"(롬 6:12)으로 인해 온 창조세계가 탄식하며 함께 고통을 겪고 있다. 생태계 파괴와 기후변화로 살아있는 모든 피조물이 하나님 앞에서 탄식하며 서서히 죽어가고 있다. 죽음의 질곡에서 살아남으려고 모든 피조물이 탄식하고 있다. 하지만 탄식은 구원에 대한 희망에서 터져나오는 소리이며, 무상한 운명에 저항하는 희망의 힘이 살아 있다는 표징이다. 사는 재미가 없다면 죽음에 대한 불안도 없다. 생명에 대한 열망이 없다면 세계가 탄식하는 일도 없을 것이다.

온 땅과 바다, 대기가 탄식한다는 것은 어떠한 의미일까? 온갖 생활 쓰레기와 산업폐기물로 뒤덮인 땅, 원전 폐수로 오염된 바다, 온실가스로 자욱한 대기를 바라보는 우리의 복잡한 감정을 말하는 것일까? 아니, "썩어짐의 종 노릇"(21절)에서 해방되기를 애타게 갈망하는 자연의 신음 소리를 말한다. 자연은 다양한 형태로 자기 자신을 표현하는데, 단지 인간이 보지 못하고 듣지 못할 뿐이다. 이것이 바로 칼뱅이 말하는 인간의 부족한 면모이다. 하나님께서 지으신 모든 것은 하나님 앞에서 기뻐하고, 하나님 안에서 즐겁게 살아간다. 만물이 하나님을 찬양하고 있다. "주께서 지으신 모든 것들이 주께 감사하며"(시 145:10), "하늘이 하나님의 영광을 선포한다."(시 19:1) 이것을 가리켜 두 명의 생물학자 바이텐디크(F. Buytendijk)와 포르트만(Adolf Portmann)은 "과시하는 존재가치"라고 한다. 예컨대 그들은 동물들도 놀이하는 것을 발견했다. 바이텐디크는 포르트만과 공동으로 연구한 논문에서 새가 날개를 활짝 펼치며, 예술적인 표현을 만끽하는 듯한 몸짓을 그들의 '자유의 놀이'라 부른다. 모든 생물은 그냥 살고, 생존하고, 번식만 하지 않는다. 그들은 무언가를 표현하려고 한다. 그들은 창조주가 지으신 대로 '자신들의 목적'을 가지고 있고, 그것을 이루기 위해서 살아간다.(위르겐 몰트만,《살아계신 하나님과 풍성한 생명》, 294)

그런데 계몽주의 이후 근대인들은 자연을 인간 자신의 수동적 객체로만 취급하고, 자연을 꿀 먹은 벙어리가 되게 했다. 하지만 자연은 말 못하는 벙어리가 아니다. 자연의 소리를 인간이 듣지 못할 뿐이다. 비울이 제시하는 하나님의 선한 창조에는 단지 인간만이 아니라 창조세계 전체가 포함되고, 이 온 세계가 죄와 구원의 드라마에 신비스럽게 연관되어 있으며 도래하는 하나님 나라의 희망에 포함되어 있다. 모든 피조물은 고통과 희망으로 함께 묶여 있다. 모든 피조물이 인간의 죄에 대한 하나님의 심판에서 제외되지 않으며(창 3:14-17), 또한 이들은 하나님의 약속에서도 공통의 수혜자다(창 9장). 바울의 이해에 따르면, 기존의 인간-자연 관계는 그 중심이 해체될 수밖에 없다. 창조주 하나님을 중심으로 모든 피조물은 창조세계의 동료 피조물로 이해된다. 이것은 노아 계약에서 가장 잘 표현된다. "내가 내 언약을 너희와 너희 후손과 너희와 함께 한 모든 생물 곧 새와 가축과 땅의 모든 생물에게 세우리니 방주에서 나온 모든 것 곧 땅의 모든 짐승에게니라."(창 9:9-10)

하나님의 영의 인도함을 받는 사람들은 모든 살아 있는 것을 하나님의 파트너이자 계약의 동료로서 존중해야 한다. 구원에 대한 희망에서 터져나오는 그들의 탄식을 외면해서는 안 된다. 놀랍게도, 이 사실을 젊은 시절의 마르크스는 충분히 이해했다. "종교는 압제당하는 피조물들의 탄식을 대변하는 자요, 가슴이 없는 세계의 감성이어야 하는데, 현재의 종교는 스스로 이미 혼이 빠진 상태의 영"이라고 비판한다(위의 책, 293).

복음서 말씀 | 막 1:9-13

"성령이 곧 예수를 광야로 몰아내신지라. 광야에서 사십 일을 계시면서 사탄에게 시험을 받으시며 들짐승과 함께 계시니, 천사들이 수종들더라."

이번 성서일과의 주제는 '광야'이다. 지금까지 이 주제와 관련해서는 거의 언급하지 않았다. 그것은 광야라는 말이 선택한 다른 본문들에는 언급되지 않기도 하고, 또한 국토의 70%가 산지로 이루어진 우리에게 광야는 낯선 곳이기 때문이다. 광야가 어떤 곳인지 체험하려면, 성경의 배경이 되는 팔레스타인이나 거대한 다른 대륙들, 예컨대 아메리카, 아프리카, 호주로 여행을 떠나야 한다. 호주 교회는 광야/아웃백(outback) 주일을 지키고 있기도 하다.

출애굽한 이스라엘 백성이 40년을 지낸 광야는 황량하고 척박하며(렘 2:6, 17:6), 마실 물이나 먹을 것이 없고(민 21:5), 불뱀과 전갈이 출몰하는 위험한 곳이었다(신 8:15). 그들은 이 "사망의 그늘진 땅"(렘 2:6)에서 이루 말할 수 없는 고난과 시련을 겪었다(출 14:11-12, 16:2-3). 그러나 광야는 하나님을 만나는 장소였고(신명 32:10), 하나님의 놀라운 은혜의 섭리를 체험하는 장소이기도 했다(출 16:4-18).

신약성경에서 광야는 다양한 의미를 지닌 장소로 나타난다. 우선 광야는 죄와 비참한 운명의 굴레에서 혼자서는 도저히 벗어날 수 없는 인간이 구원의 문제를 놓고 불안과 고독 속에서 찾았던 곳이다. 세례 요한도 바로 그 불행의 압박 아래서 유대 광야로 들어가 회개와 심판을 선포했다(마 3:1-2). 바울도 부활하신 그리스도의 사도가 되기 위해 아라비아 광야에서 3년의 세월을 보내야 했다(갈 1:17-18). 이렇게 광야는 정화, 연단, 회개, 기도의 장소로 나타난다.

마가복음에 의하면 요단 강가에서 성령의 세례를 받은 예수님이 곧 같은 성령에 의해 광야로 내몰려 40일을 계시면서 사탄에게 시험을 받으시며 짐승들과 함께 지내신다. 예수님이 광야에서 사탄에게 시험을 받으신 것은 시험과 시련의 장소, '사망의 그늘진 땅' 광야를 연상시킨다. 그러나 하나님의 말씀으로 사탄의 시험을 이기신 예수님이(마 4:1-11) 들짐승과 함께 계셨다는 말씀은 오래전 예언자 이사야의 꿈이 이루어졌다는 것을 보여준다. "이리가 어린 양과 함께 살며… 젖 먹는 아이가 독사의 구멍에서 장난하며."(사 11:6, 8)

이사야는 장차 예수 그리스도께서 완성하실 하나님의 나라를 묘사하였다. 거기서 왕의 의로운 통치는 심오한 방식으로 창조세계를 재정리한다. 재정리된 창조세계의 비전은 실로 놀랄만하다. 하나님의 어린 양(요 1:29)이 사나운 짐승들에게 해를 당하지 않고 어울린다. 육식동물은 그들의 먹이와 함께 동거하며, 육식 본능은 변화되고, 사회 속에서 가장 약한 인간(아이들)은 독사와 자유롭게 노닌다. 종 상호간의 폭력은 종식된다. 새롭게 정리되고 재구성된 창조세계에서 조화롭고 아름다운 공동체의 삶이 지속된다(사 11:1-9). 세상 사람들은 이러한 일은 결코 있을 수 없다고 생각한다. 몽상이나 잠꼬대로 여길 것이다. 그러나 이사야를 비롯한 성서의 예언자들은 그러한 위대한 왕, 의로운 왕의 통치를 오랫동안 고대하며 그 왕이 가져올 놀라운 세계를 꿈꿔왔고, 우리는 예수 그리스도께서 그러한 왕이시라고 믿는다. 여기서 광야는 화해와 연대의 장소로 드러난다.

개혁교회는 도상에 있는 교회, 나그네 교회다. 히브리서의 관점으로 표현하면, 개혁교회는 아직 광야를 방황하고 있는 하나님의 백성이다. 교회가 광야에 있을 때, 교회는 하나님만을 온전히 의지하며 철저하게 십자가의 진리에 집중할 수 있다. 하지만 분명히 고독과 광야에 관해 말하는 곳에서도, 겉보기에는 고독 속에서 광야에 들어간 것처럼 보이지만, 실제로는 고독을 벗고, 위험한 모든 광야를 벗어버린 교회인 경우가 많다. 오늘날 많은 교회가 이 세상에서 나그네로 살지 않으려고 한다. 그러한 교회는 애굽의 고기 가마(출 16:3)를 그리워하며, '터가 있는 성'(히 11:10)을 바라지 않는다.

광야에서 한 예언자가 외친다. "여호와의 길을 예비하라. 사막에서 우리 하나님의 대로를 평탄하게 하라. 골짜기마다 돋우어지며 산마다 언덕마다 낮아지며 고르지 아니한 곳이 평탄하게 되며 험한 곳이 평지가 될 것이요 여호와의 영광이 나타나고 모든 육체가 그것을 함께 보리라."(사 40:3-5a)

최 영 목사(목회와신학연구소)

동물들과 함께

욥기 39:1-8, 26-30, 시편 104:14-23, 고린도전서 1:10-24, 누가복음 12:22-31

구약의 말씀 | 욥 39:1-8, 26-30

"누가 들나귀를 놓아 자유롭게 하였느냐? 누가 빠른 나귀의 매인 것을 풀었느냐? 내가 들을 그것의 집으로, 소금땅을 그것이 사는 처소로 삼았느니라."

욥은 하나님의 말씀에서 벗어나지 않았지만 고난을 당하였고, 이 때문에 하나님을 원망하기까지 한다. 고난은 인과응보식으로 죄에 대한 벌로서만 주어지는 것이 아니다. 인간이 이해할 수 없는 고난의 신비, 또는 어떤 하나님의 뜻이 있다. 욥의 무지를 깨우치려 하나님은 욥에게 우주와 자연 현상(38장), 동물 생태(39장)와 관련한 질문 공세들을 퍼붓는다. "산 염소가 새끼 치는 때를 네가 아느냐?" "암사슴이 새끼 낳는 것을 네가 본 적이 있느냐?" "그것이 몇 달 만에 만삭되는지 아느냐?" "그 낳을 때를 아느냐?"

이에 대한 욥의 대답은 "모르겠습니다." "할 수 없습니다."였을 것이다. 욥은 자신의 무지와 무능력을 깨달으며, 최종적으로 이렇게 회개한다. "무지한 말로 이치를 가리는 자가 누구니이까? 나는 깨닫지도 못한 일을 말하였고, 스스로 알 수도 없고 헤아리기도 어려운 일을 말하였나이다."(욥 42:3) 고난은 신비로 남고, 욥은 하나님을 향한 신뢰 안에서 희망의 빛을 본다.

욥의 무지를 배경으로 우주와 자연과 피조물들을 향한 하나님의 계획과 섭리와 사랑은 밝게 빛난다. 38, 39장에서 언급되는 동물은 사자, 까마귀, 산양, 사슴, 들나귀, 들소, 타조, 말, 매, 독수리 등이다. 가축이 아닌 대부분 야생 동물들이다. 선한 목자이신 하나님은 산양과 사슴의 출산의 때를 알며, 출산의 괴로움을 이해하신다(1-2절). 때가 되면 새끼들을 어미품에서 독립시키신다(4절). 들나귀에게는 자유를 주고, 들판을 그 거처로 삼게 하신다(5-8절). 매와 독수리에게는 날개를 주어 높은 곳에 거하게 하시고(27-28절), 날카로운 눈을 주어 먹잇감을 찾게 하신다(29-30절). 인간의 눈에 보이지 않을 뿐이지, 하나님의 친절한 손이 자연만물을 관리하고 계신다.

동물들을 관리하고 그 생명을 충만하게 하는 일은 본래 인간에게 부여된 사명이다. 에덴동산에서 첫 인류 아담에게 주어졌던 것은 "그것을 경작하며 지키는"(창 2:15) 일이었다. 하나님이 흙으로 각종 동물을 만드셨을 때, 아담은 "모든 가축과 공중의 새와 들의 모든 짐승에게" 이름을 지어 주었다(창 2:20). 이는 인류가 동물의 주관자이며, 선한 목자가 자기 양들의 이름을 알듯이 관리하고 보호해야 할 책임이 있음을 뜻한다.

그런데 지금 인간은 동물의 관리자는커녕 도살자가 되었다. 현대에 들어 인간의 육식 습관이 급격히 증대하면서, 한 해에 도살되는 양, 소, 돼지, 닭, 칠면조 수의 합이 580억 마리에 이른다. 고기 수요를 맞추기 위해 공장식 사육이 도입되었는데 그 사육 환경과 사육 방식은 매우 반생명적이다. 우리가 즐겨 먹는 닭의 사육 환경은 정말 끔찍할 정도이다. 병아리들은 태어나자마자 감별 과정을 거치는데, 산란을 못하고 고기 맛도 없는 수평아리들은 곧바로 분쇄기로 들어간다. 암평아리의 삶도 지옥이 따로 없다. A4 한 장 크기도 안 되는 사육장에서 밀식 사육을 당한다. 화가 난 닭들이 서로를 공격하지 못하도록 부리는 짧게 잘라버린다. 닭 모이에는 성장촉진제와 항생제를 섞어 급성장을 유도한다. 자연 상태에서 닭은 8년 넘게 살 수 있지만, 양계장의 닭들은 불과 한 달 전후로 그 일생을 마친다. 산란계는 계란 생산 기계와 다름없는데, 자연상태에서는 한 해 20-30개를 낳는 것이 정상인데, 연간 290개 정도의 알을 낳고는 2년 내 폐기 처분된다.

닭뿐만 아니라 돼지나 소도 마찬가지다. 돼지 또한 과도한 스트레스로 꼬리를 물어뜯는 행동을 하는데 이를 차단하기 위해 아예 꼬리를 잘

라버린다. 소를 비롯한 가축들의 수명은 경제성에 맞추어 결정되고, 대량으로 사육되는 바람에 온실가스 배출의 주범이 되었다. 동물은 이제 인간을 위한 식량원, 과학 실험의 대상, 동물원의 오락거리일 뿐이다.

최근 우리 사회에서도 동물 보호론자들과 채식주의자들이 늘어나는 추세이다. 비틀스의 멤버였던 폴 매카트니(Paul McCartney)와 그의 부인 린다는 채식주의자가 되었는데 그 이유를 다음과 같이 설명한다. "우리는 오래전에 육식을 그만두었다. 어느 일요일 점심에 무심코 창문 너머를 바라보다 어린 양들이 행복하게 뛰노는 모습을 보았다. 그러다 우리의 음식 접시를 내려다보았을 때, 불현듯 바로 직전까지 들에서 뛰놀던 어떤 동물의 다리를 우리가 뜯어 먹고 있다는 사실을 깨달았다. 서로를 보며 우리는 말했다. '잠깐만, 우리는 이 양들을 사랑해. 그들은 아주 온순한 동물이야. 그런데 왜 우리는 그들을 먹고 있지?' 그것이 우리가 고기를 먹었던 마지막 식사였다."

육식은 노아 홍수 이후 단백질 부족을 염려한 하나님의 배려로 허용되었다. "모든 산 동물은 너희의 먹을 것이 될지라. 채소 같이 내가 이것을 다 너희에게 주노라."(창 9:3) 그러나 육식은 무제한적으로 허용된 것이 아니다. 자연계에서 벌어지는 약육강식 현상은 인간 포식자들만큼 폭력적이거나 대량 살육으로 가지 않는다. 포식자와 피식자 간에 적정한 평형을 이루듯이, 인간의 육식 또한 필요한 만큼의 최소한에 그쳐야 한다. 무엇보다 인간에게는 동물의 생명을 지키고, 관리하고, 충만하게 해야 할 청지기적 사명이 주어졌다. 욥처럼 동물 생태에 무지할 수는 있다. 그러나 동물 생명 관리 책임마저 모른다고 해서는 안 된다.

시편의 찬양 | 시 104:14-23

"젊은 사자들은 그들의 먹이를 쫓아 부르짖으며, 그들의 먹이를 하나님께 구하다가 해가 돋으면 물러가서 그들의 굴속에 눕고, 사람은 나와서 일하며 저녁까지 수고하는도다."

시편 104편은 창조를 소재로 한 찬양시 유형에 속한다. 우주 만물을 창조하신 하나님의 위대하심에 대한 찬양이다. 시편 104편은 창세기 1장의 주석이라 할 정도로 생생하게 창조의 과정과 창조 질서를 서술한다. 차례대로 하늘의 것들(2-4절), 땅의 형성과 혼돈(5-9절), 생물과 자연(10-18절), 낮과 밤(19-23절), 바다와 생물(24-26절) 등의 창조가 다루어진다.

14-23절 본문은 동물과 인간 간의 공존을 잘 그리고 있다. 가축을 위해서는 풀이, 사람을 위해서는 채소와 포도주와 기름이 주어진다(14-15절). 수분 가득한 나무는 사람을 위해서 존재할 뿐만 아니라 새들의 둥지가 된다(16-17절). 높은 산과 바위는 산양과 너구리의 피난처다(18절). 낮과 밤은 활동의 경계가 되는데, 삼림의 짐승들과 사자는 밤에 활동하고, 인간은 낮 동안 수고를 한다(19-23절). 하나님은 밤에 먹이를 찾아 으르렁대는 야수의 포효도 기뻐하시며, 각자의 활동 시간을 구분하여 피차 생명을 침해할 수 없게 만드셨다.

이 찬양의 결론은 31절에 있다. "여호와의 영광이 영원히 계속할지며, 여호와는 자신께서 행하시는 일들로 말미암아 즐거워하시리로다." 하나님은 인간과 동물이 공존하는 창조 질서를 기뻐하신다. 이는 이미 창조의 6일에 동물들과 함께 마지막으로 인간을 만드신 후에 "하나님이 지으신 그 모든 것을 보시니 보시기에 심히 좋았더라."(창 1:31)라는 창조 기사에서 잘 드러난 바 있다.

인간과 동물은 같은 날, 곧 창조의 6일에 태어났다. 인간과 동물은 '여섯째 날의 공동체'라 할 것이다. 에덴동산에서는 아담이 흙으로 지음을 받은 것과 같이 각종 들짐승과 공중의 새 또한 흙으로 지음을 받았다. 하나님이 그 코에 호흡을 불어 넣어 살린 것은 인간만이 아니라, 생물들 또한 마찬가지이다. 하나님이 그 호흡을 거두어가시면 다 먼지로 돌아간다. "주께서 낯을 숨기신즉 그들이 떨고, 주께서 그들의 호흡을 거두신즉 그들은 죽어 먼지로 돌아가나이다."(시 104:29)

하나님이 세상을 창조하신 그대로, 곧 "하나님이 땅의 짐승을 그 종류대로, 가축을 그 종류대로, 땅에 기는 모든 것을 그 종류대로"(창 1:25) 생물들은 보존되어야 한다. 이들 또한 하나님으로부터 복을 받았다. "하나님이 그들에게 복을 주시며 이르시되 생육하고 번성하라."(창 1:22) 각기 종류대로 번성하는 것, 이를 달리 생물다양성이라 부를 수 있다. 그런데 인간이 이 생물다양성을 파괴하고 지구를 독식하고 있다.

하나님이 섭리하시는 138억 년 우주와 진화의 역사에서 인간이 지구상의 주류로 등장한 것은 농업혁명이 시작된 1만 년 전에 불과하다.

1만 년 전 인간이 등장할 때만 해도 야생 동물 전체의 총무게와 비교하여 1%도 되지 않았다. 그러나 인간이 다른 생물군들을 거의 몰살하다시피 하고, 인간이 필요로 하는 가축만 남긴 결과 야생동물 대비 총무게가 이제는 99%에 달한다. 생물다양성이 실종된 것이다. 대형 동물 중 인간은 80억 명, 인간이 좋아하는 닭은 200억 마리, 소는 15억 마리, 개가 4억 마리이다. 반면에 야생 늑대는 20만 마리, 펭귄은 5천만 마리에 불과하다. 《지구생명 보고서 2020》은 1970년대 이후 야생동물 개체군의 68%가 감소되었다고 보고한다.

기후변화가 가져오는 위기는 가뭄이나 산불이나 폭우나 폭설만이 아니다. 더 크고 결정적인 위기는 생물다양성의 실종에서 발생한다. 기후변화로 꿀벌이 사라진다면 인류에게는 엄청난 식량 대란이 일어날 것이다.

'코로나19' 발생 원인도 생물다양성의 파괴에서 기원한다. 인간이 만든 기후변화와 무분별한 난개발로 그 서식지를 잃은 생태계가 야생 동물들을 인간 쪽으로 내몰았고, 이 야생 동물들이 지닌 바이러스가 인간에게 질병을 일으켰던 것이다. 인류 사회를 위협했던 천연두, 인플루엔자, 결핵, 말라리아, 페스트, 홍역, 콜레라, 에이즈 등의 전염병들도 대부분 가축화된 동물 집단군에서 유래했었다. 인간과 가까운 동물의 몸에서 나온 균이나 바이러스가 인간의 몸에 부작용을 일으켰고, 도시화와 세계화라는 통로를 타고 순식간에 퍼졌던 것이다.

인간과 동물이 공존공생하도록 설계하신 하나님의 지혜 중 하나는 서로의 영역과 경계를 짓는 것이었다. 야생 동물은 밤에 활동하고, 인간은 낮에 활동할 수 있도록 시간의 경계를 지으셨다. 동물의 먹이가 따로 있고, 사람의 먹이가 따로 있다. 동물의 서식지가 따로 있고, 인간은 이 서식지를 침범하지 말아야 한다. 아마존 삼림은 더 이상 개발해서는 안 된다. 아마존은 지구의 허파로, 대기 중에 발생하는 이산화탄소량의 16%를 이 숲의 광합성이 흡수하고 있다. 이곳에 살던 바이러스가 자기 서식지를 잃으면 인간 세계로 숨어들어 또 어떤 질병을 일으킬지 모른다.

서신서 말씀 | 고린도전서 1:10-24

"모두가 같은 말을 하고 너희 가운데 분쟁이 없이 같은 마음과 같은 뜻으로 온전히 합하라. … 지혜 있는 자가 어디 있느냐? 선비가 어디 있느냐? 이 세대에 변론가가 어디 있느냐? 하나님께서 이 세상의 지혜를 미련하게 하신 것이 아니냐?"

이번 성서일과의 주제는 '동물'이다. 얼핏 보기에는 본문과 관련 없는 것 같지만 '분열'과 '지혜'라는 두 개의 키워드에 주목하라. 이 본문이 선정된 교회력 상의 배경이 있다.

교회력에서 창조절기(Creation time 또는 Season of Creation)는 자연생태와 환경에 대한 관심을 촉구하고, 성령 강림절 이후 이어지는 근 반년에 이르는 일반주기(ordinary time)의 비축제 절기 문제를 해결하기 위한 목적으로 현대 교회력 운동에 의해서 제정되었다. 정교회에서는 9월 1일을 창조절로 정하여 교회력의 신년을 시작한다. 유럽기독교 환경연대(ECEN)는 9월 1일부터, 동물들의 성인으로 추앙받는 성 프란치스코 축일인 10월 4일까지를 창조절기로 지킬 것을 권장한다. 기장의 삼위일체 교회력은 9월 첫 주부터 창조절기가 시작되고, 캐나다 연합교회는 9월 둘째 주부터 6주간을 창조절기로 지킨다.

교회력 절기에는 이에 맞는 구약, 시편, 서신서, 복음서 본문이 성서일과로 배정된다. 장로교, 감리교, 성공회를 비롯한 전세계 에큐메니컬 진영은 RCL(개정공동성서정과)을 공통적으로 사용하는데, 창조절기에도 동일한 RCL 본문을 사용하면서, 설교의 방향만 창조 신앙에 맞추고 있다. 기장은 고유한 창조절기용 성서일과를 운용하는데, 창조절을 우주적 그리스도의 창조와 영광을 기념하는 절기가 아닌, 성부 하나님의 절기로 지켜, 창조나 생태 관련 본문 외에도 성부의 사역과 관련된 다양한 본문을 제시하고 있다.

창조절과 관련해서는 호주의 'Season of Creation' 에큐메니컬 그룹의 활동이 주목할 만하다. 이들은 3년 주기의 창조절 성서일과를 따로 제정하였는데 숲, 땅, 동물, 바다, 하늘, 광야 등 자연을 부분별로 구분하여 이와 관련된 세 본문과 시편 본문을 선정하였다. 본서는 이 체제를 참조하여 성서를 분류하고 해설하였으며, 고린도전서 본 본문은 '동물' 주제와 관련한 서신서 본문으로 채택되었다.

고린도 교회에 분열이 있었다. 여러 파가 언급되지만 주된 분열은 바울파와 아볼로파의 분열이었다(1:12, 3:4). 바울은 고린도 교회를 개척

한 사도였고, 아볼로는 그 뒤를 이어 수사학과 지식으로 고린도 교인들의 신앙을 다졌다. 고린도 교회의 소위 신령한 자들(2:1, 3:1)은 아볼로의 화려한 말의 수사학에 매료되어 바울의 권위를 인정하지 않으려 하였다. 이에 맞서 바울은 그것은 세상의 지혜이고, 십자가의 어리석은 도만이 참된 하나님의 능력이요 지혜임을 밝힌다(18, 21절).

그러면서 바울은 "같은 말을 하고, 너희 가운데 분쟁이 없이, 같은 마음과 같은 뜻으로 온전히 합하라."(10절)라고 권면한다. 세상의 지혜를 좇으면 자랑과 교만과 분열의 길로 가지만, 십자가의 도로 드러난 하나님의 지혜를 좇으면 사랑과 섬김을 통해 온전한 하나 됨을 이룰 수 있다. 복음의 핵심과 복음이 지향하는 목표는 분열이 아닌 하나 됨에 있다. "너희는 유대인이나 헬라인이나, 종이나 자유인이나, 남자나 여자나, 다 그리스도 예수 안에서 하나이니라."(갈 3:28) 이 하나 됨은 인간 사회를 넘어 온 생명과 온 우주로 확대되어야 한다.

그리스도교의 선교는 인간 사회의 막힌 담을 헐고 서로 하나가 되는 길로 달려왔고, 이제는 피조 세계와 함께하는 하나 됨을 향하여 나가야 한다. 에베소서에서는 하나님 구원사의 경륜을 다음과 같이 밝히고 있다. "하늘에 있는 것이나 땅에 있는 것이 다 그리스도 안에서 통일되게 하심이라.(엡 1:10) '통일되게'의 헬라어는 '아나(위) + 케팔레(머리)'의 합성어로, 풀이하면 '그리스도를 머리로 하여 하나가 되게'라는 뜻이다. 교회의 머리가 되신 그리스도는 우주와 만물을 그의 몸으로 삼는 우주적 그리스도이다. "교회는 그의 몸이니, 만물 안에서 만물을 충만하게 하시는 이의 충만함이니라.”(엡 1:23) 교회는 우주라는 몸의 중추 신경계에 해당하며, 온 우주가 그리스도 안에서 긴밀히 연결되고 충만케 하는 역할을 맡았다. 인간 생명과 지구와 온 우주는 함께 그리스도의 몸을 이룬다.

그렇지만 인간은 자연과 동물을 착취와 수탈의 대상으로만 여길 뿐이지, 그리스도 안에서 생명의 풍성함을 누려야 하는 창조의 공동체임을 인식하지 못한다. 동물해방론자 피터 싱어(Peter Singer)는 인간만의 존엄성을 주장하며 다른 종의 이익을 배척하는 태도를 ‘종차별주의’로 규정한다. 고통과 즐거움을 느낄 수 있는 모든 존재는 그 생명권을 보장받아야 한다. 인간이 갖는 평등권처럼 “모든 동물은 평등하다.”라고 피터 싱어는 말한다(《동물해방》). 슈바이처(A. Schweitzer)는 인간을 “살려는 의지를 가진 생명체들 가운데 사는 동일한 생명체”라고 정의하며, 모든 생명에 대한 경외심을 가질 것을 촉구한다. “생명 경외의 윤리는 우주적으로 확대된 사랑의 윤리이다. … 식물이나 동물 또한 인간과 동일한 생명체로서 신성하게 대하며, 도움이 필요한 뭇 생명을 돕기 위해 헌신할 때 인간은 비로소 윤리적이라 할 수 있다.”(《나의 생애와 사상》)

성경에서는 인간의 존엄성이 그 탁월함에서 주어지는 것이 아니라, ‘하나님의 형상’(창 1:27)을 가지고 태어났다는 데 있다고 말씀한다. 하나님의 형상이 무엇을 뜻하는지 다양한 견해가 있지만, 인간에게 하나님의 형상이 주어진 목적은 분명하다. “땅을 정복하라, 바다의 물고기와 하늘의 새와 땅에 움직이는 모든 생물을 다스리라.”(창 1:28) 이 문화명령을 수행할 수 있도록 그 권위와 수단으로서 하나님의 형상이 주어진 것이다.

그런데 분명히 알아야 할 것은 정복과 다스림이 지배와 착취가 아니라는 점이다. 이는 본문에서 바울이 비판한 바 있는 미련한 세상 지혜의 방식이다(20-21절). 세상 지혜는 파워와 승리와 영광을 추구한다. 반면에 하나님의 지혜는 겸손과 섬김과 희생으로 표출되는 십자가의 도에 있다(18, 23절). 그리스도의 십자가가 인간을 참된 지혜로 이끈다. 그리스도 안에서 새롭게 정의된 다스림은 폭력적 군림이 아니라 섬김과 희생과 무력함이다. 선한 목자가 양들을 위해 자기를 희생하듯(요 10:11), 온 생명의 목자로 부름받은 인간 또한 피조물을 위해 자신을 희생할 수 있어야 한다.

복음서 말씀 | 눅 12:22-31

"까마귀를 생각하라. 심지도 아니하고 거두지도 아니하며 골방도 없고 창고도 없으되 하나님이 기르시나니, 너희는 새보다 얼마나 더 귀하냐? … 다만 너희는 그의 나라를 구하라. 그리하면 이런 것들을 너희에게 더하시리라."

인간 문명에는 두 번의 큰 변혁이 있었다. 하나는 1만 년 전의 농업혁명이요, 다른 하나는 18, 19세기부터 시작된 산업혁명이다. 농업혁명은 잉여생산물을 기반으로 국가와 도시, 문화와 종교의 출현을 가져왔다. 그렇지만 이는 생태계 측면에서는 재앙이었는데, 생태계가 곡물과 가축 위주로 재편되며 생물다양성을 파괴했고, 광범위한 자연 서식지가 농지나 목초지로 바뀌었다. 기후변화의 기준점을 산업혁명이 본격화된 1850-1900년간의 평균온도로부터 산정하듯, 산업혁명에 의한 대량생산 체제와 과학기술의 발전은 탄소 배출량을 급속히 늘리면서 지구 행성을 위기로 몰아가고 있다.

이런 문명 발전을 이끄는 동력에는 인간의 탐욕과 불안 심리가 자리 잡고 있다. 인간은 먹거리가 부족하지 않은데도, 더 먹고 더 많이 쌓아두려 한다. 먼저 앞서가고 더 큰 힘을 갖지 않으면 경쟁자에게 먹힐 것이라는 불안감이 끊임없는 성장으로 몰아간다. 온실가스의 92%가 북반구의 부자 나라에서 배출되고 있다. 반면에 기후위기로 인한 경제적 손실의 근 90%를 남반구가 당하고 있다. 부자 나라의 국민들은 1인당 연간 28톤의 자원을 소비하는데(2008년 통계), 이는 지속가능한 수준의 네 배에 달하고, 하위 남반구 국민의 열 배가 넘는다. 이런 상황에서 부유국들이 물질적 쾌락을 억제하며 스스로 성장을 조절할 수 있을까?

지금처럼 인간의 탐욕과 경쟁 욕구를 좇아 살면 모두가 공멸이다. 탈성장과 공존공생이 새로운 문명의 방향이 되어야 한다. 국가의 기조나 행복의 기준이 더 이상 성장이 아니라 생명의 충만함이 되어야 한다. 욕망을 극대화할수록 갈증과 불안 심리 또한 커진다. 나눔과 비움과 공존이 오히려 인간의 행복지수와 안전지수를 더 높인다.

본문의 말씀처럼 인간은 공중의 까마귀와 들의 백합화에게서 배워야 한다. 까마귀는 농사도 하지 않고, 집이나 쌓아둘 창고가 없어도 굶어 죽지 않는다. 하나님이 먹이시기 때문이다. 백합화는 실을 잣고 애써 옷을 만들지 않아도, 인간이 만든 어떤 옷보다 더 아름답다. 자연은 부족하지 않다. 동물들은 오늘 먹을 것이 주어지면 그것으로 만족하며 산다. 현재에 감사하는 삶이다.

인간과 동물의 차이는 미래를 예측하는 능력에서 발생한다. 동물은 바로 눈앞의 것이 불쾌하지만 않다면 만족하고, 상황이 변화하면 또 그대로 적응한다. 반면에 인간은 미래에 대한 지나친 예측으로 늘 불안과 염려를 껴안고 산다. 상황이 바뀌어도 미련 때문에 변화를 잘 받아들이지 못한다. 행복해지려면 인간은 동물에게서 배워야 한다. 현재에 충실하라. 미래는 맡겨라.

10월 4일은 동물들의 성인인 아시시의 성 프란치스코(San Francesco d'Assisi)의 날이다. 《성 프란체스코의 작은 꽃송이들》에서는 동물들과 관련된 성자의 다양한 일화들을 전하고 있다. 프란치스코가 새들 앞에서 설교하자 새들이 그 앞에 머리를 조아리며 하나님 말씀을 들었다고 한다. 그 내용은 본문의 말씀과 같았는데, 자유롭게 공중을 날게 하신 하나님의 은혜와 씨를 뿌리거나 창고에 들이지 않아도 먹이시는 은혜를 전하며, "우리 형제인 여러분은 이 끝없는 은혜를 받았으니 언제 어디서나 하나님을 찬미하시오."라며 마쳤다. 새들은 이미 충분히 말씀에 순종하며 하나님을 찬미하고 있다. 이제는 인간이 이 말씀을 들어야 한다.

'구비오'라는 마을에 가서는 사람을 해치는 사나운 늑대를 향하여 성자는 "이리 오너라. 내 형제 늑대여, 그리스도의 이름으로 명하노니 나와 다른 누구도 해치지 말아라."라고 명령하였다. 그러자 늑대는 이 말씀에 순종하여 그 잔인함을 버리고 온순한 양처럼 되었다. 남은 생을 사람들이 주는 음식만 먹으며 살았다고 한다.

피조물도 하나님의 마음을 잘 이해한다. 약육강식의 폭력적 세계를 하나님은 기뻐하시지 않는다. "내 거룩한 산 모든 곳에서 해 됨도 없고 상함도 없을 것이니, 이는 물이 바다를 덮음같이 여호와를 아는 지식이 세상에 충만할 것임이니라."(사 11:9) "피조물도 썩어짐의 종노릇 한 데서 해방되어 하나님의 자녀들의 영광의 자유에 이르는 것"(롬 8:21)을 소망한다.

프란치스코의 〈태양의 찬가〉 또한 사랑받는 노래인데, 태양을 형제라, 달을 누이라, 대지를 어머니라 부른다.

...

형제인 바람과 공기로,
흐리거나 맑은 온갖 날씨로 찬미 받으소서.
당신은 이들을 통하여 피조물을 유지하시나이다.
우리의 어머니인 대지를 통해 찬미 받으소서.
땅은 우리를 기르고 다스립니다.
우리에게 색색의 꽃과 향기와 다양한 과실을 가져다줍니다.

자연은 하나님의 말씀에 순종하여 생명체들이 살 수 있는 환경과 먹거리를 충분히 제공하고 있다.

인간에게 부족한 것은 물질이 아니라 자족하는 마음이다. 행복은 욕망을 줄임으로써 더 효과적으로 달성된다. 자족은 현재 주어진 것에 감사하는 마음이다. 자족은 하나님과 자연의 질서에 대한 믿음으로부터 시작된다.

이종철 목사(빛과생명교회)

동물이 하나님을 찬양하도록

이사야 11:1–9, 시편 148:7–14, 갈라디아서 6:14–18, 마태복음 6:25–34

구약의 말씀 | 사 11:1–9

"그 때에 이리가 어린 양과 함께 살며, 표범이 어린 염소와 함께 누우며,

송아지와 어린 사자와 살진 짐승이 함께 있어 어린아이에게 끌리며,

암소와 곰이 함께 먹으며, 그것들의 새끼가 함께 엎드리며, 사자가 소처럼

풀을 먹을 것이며, 젖 먹는 아이가 독사의 구멍에서 장난하며, 젖 뗀

어린아이가 독사의 굴에 손을 넣을 것이라."

이사야 11장은 9장과 더불어 이사야의 초기 메시아 예언시에 속한

다. 문학적으로 11장은 앗수르 제국의 몰락을 확증하는 10장 이후에

배치되어 있다. 그러므로 11장은 우리로 하여금 앗수르 제국에 대한

대안적 세계 국가를 그리는 예언으로 읽도록 한다. 앗수르 제국이 몰락한 이후에 흩어졌던 지파들이 다윗의 후예(제2의 다윗)인 이상적인 왕을 통해 통합되고 화해하며 주변 세계를 아우르게 된다는 것이다. 이런 평화로운 미래를 위한 전제 조건이 11:1-9에 나타나 있다. 다윗의 후예로서 이상적인 지도자가 통치하는 평화의 나라가 되어야 이스라엘과 유다의 남은 자들이 통합되고 화목해지며 주변 세계를 아우를 수 있기 때문이다.

1-2절은 다윗의 후예로 올 메시아에게 요청되는 덕목과 자질에 대한 내용이다. 그에게 필요한 덕목과 자질은 지혜와 총명, 모략(군사적 지략과 재판의 지혜)과 재능(지도력), 지식과 하나님을 경외하는 영이 임하는 것이다. 3-5절은 그 메시아의 통치 행태, 즉 직무 수행을 다룬다. 메시아는 가난하고 약한 자를 위한 하나님의 정의(체데크)를 수립해야 하는 것이다. 마지막으로 6-9절은 그 메시아의 활동으로 세상이 어떻게 변하는지를 보여 준다. 정의로운 왕이 통치하면 세상의 바른 질서가 회복된다는 것이다.

하나님의 영이 임한 왕이 통치하면 야생동물과 초식동물과 인간이 평화롭게 공존하게 된다. 즉 정의로운 왕이 통치하면 이리가 어린 양과 함께 살고, 표범이 새끼 염소와 함께 눕는다. 나아가 사람 중 가장 취약한 어린아이가 송아지와 어린 사자, 살진 짐승과 함께 평화롭게 공존하는 공동체가 된다. 어린아이는 동물의 새끼들인 송아지와 어린 사자, 살진 짐승을 이끌 것인데, 이는 사람이 만물을 다스리는 창조

질서와 관련돼 있다. 그러나 사람이 만물을 이끈다고 해서 이것이 경쟁이나 위계질서를 가리키는 것은 아니다. 어린아이와 동물의 새끼들은 어릴 때부터 함께 자라고, 성장해서도 서로 죽이거나 위협하지 않고 함께 살게 된다는 것이다. 암소와 곰이 함께 풀을 먹고, 그들의 새끼들도 함께 눕게 될 것이다. 사자도 소처럼 풀을 먹어도 행복할 것이다. 초식은 문자적으로 풀보다는 다른 동물이나 상대를 희생시키지 않고 더불어 평화롭게 사는 세상 곧 창조질서를 상징할 것이다. 독사와 어린아이가 함께 공존하는 것도 창조질서의 회복을 상징할 것이다. 이처럼 서로 해치지 않고 공존하게 될 나라는 다윗의 후예가 통치할 평화의 나라, 창조질서가 회복된 나라다.

이것이, 처음에는 인간과 동물 사이에 평화가 지배하였지만 인간의 죄로 인해 홍수 이후에 깨진 평화가 회복되기를 바라는 이사야의 희망의 신학이다. 이사야와 동시대인인 호세아도 인간과 동물 사이의 평화가 장차 올 구원의 때에 회복되기를 대망했다(호 2:18-20 참조). 그러나 이 구원과 평화는 하나님을 아는 지식이 세상에 충만해야 성취될 수 있는 것이다. 하나님을 알지 못하기에 약육강식의 원리가 사라지지 않고 세상에 구원과 평화가 지연되고 있는 것이다. "물이 바다를 덮음 같이 여호와를 아는 지식이 세상에 충만할 것임이니라"(9b절)

"짐승과 모든 가축과 기는 것과 나는 새며."

시편 146-148편은 '할렐루야 시' 모음집이다. 찬양의 대상이 하나님이라면 찬양의 주체가 있어야 할 것이다. 146편에서는 찬양의 주체가 자기 자신이어야 함을 요청하고, 147편은 시온과 예루살렘으로 확대되어 하나님을 찬양할 것을 요청하고 있으며, 급기야 148편에서는 자연세계의 모든 존재들과 인간 사회의 여러 사람들이 하나님을 찬양할 것을 요청하고 있다. 148편에서는 먼저 하늘에 있는 존재들이 하나님을 찬양할 것을 요청한다. 하늘에 있는 존재들은 "여호와의 천사들과 군대들"(2절), "해와 달, 별들"(3절), "하늘의 하늘과 하늘 위에 있는 물들"(4절)이다. 하늘의 존재들이 하나님을 찬양해야 하는 이유는 하나님이 그들의 창조주이시고 그들은 하나님의 피조물이기 때문이다(5절). 하나님은 모든 존재의 저자이신 것이다. 이어서 하늘에 있는 존재들만이 아니라 땅에 있는 존재들이 하나님을 찬양할 것을 요청한다. 하나님을 찬양하도록 요청받는 땅에 있는 존재들은 "용들과 바다"(7절), "불, 우박, 눈, 안개, 광풍"(8절), "산들, 작은 산들, 과수와 백향목"(9절), "짐승, 모든 가축, 기는 것, 새"(10절), "세상의 왕들, 모든 백성, 고관들, 재판관들"(11절), "처녀, 총각, 노인, 아이들"(12절)이다. 땅의 모든 존재들이 하나님을 찬양해야 하는 이유는 오직 하나님의 이름만이 높고 이스라엘 백성을 높여주셨기 때문이다(13절).

이렇게 하나님이 창조하신 하늘과 땅의 모든 피조물이 하나님을 찬양하도록 요청받는다. 하나님 앞에 나와서 하나님을 예배하고 찬양하는 데에는 특정한 자격 조건이 필요하지 않다. 모든 존재가 하나님 앞에 나와 예배하고 찬양할 수 있는 것이다. 예배와 찬양의 무조건성. 모든 존재가 존재론적으로는 평등하지는 않지만 하나님 앞에서 하나님을 예배하고 찬양하는 일에서는 모든 존재가 평등한 것이다. 이성을 소유한 인간만이 하나님을 찬양해야 하고 찬양할 수 있는 것은 아니다. 자연세계의 일부인 인간도 하나님을 찬양해야 하지만, 자연세계도 하나님을 찬양해야 하고 찬양할 수 있다.

첼라노의 토마스의 증언에 따르면, 아씨시의 성 프란치스코는 스폴레토 계곡을 여행하는 중에 비둘기, 까마귀, 갈가마귀 등이 모여 있는 곳으로 가까이 갔는데, 신기하게도 그들은 날아가지 않고 그냥 머물러 있었다. 이에 프란치스코는 큰 기쁨 가운데 새들을 향하여 "자매"라고 부르며 이렇게 말했다. "여러분은 창조주를 마냥 찬미하고 사랑해야 합니다. 그분은 여러분에게 옷을 입히시려고 깃을 주셨고…"

다소 엉뚱하게 들릴 법한 권면에 대하여 새들은 목을 늘이고 날개를 빼며 입을 벌려 흥겨워하였고, 이에 프란치스코는 이전에 새들에게 대화, 권면, 설교하지 않은 것을 뉘우쳤다고 한다. 이렇게 프란치스코는 하나님을 찬양할 것을 권면하고 실제로 새들은 그 권면을 받아들여 입을 벌려서 기쁘게 노래를 불렀다(백상훈, "반려동물과의 관계를 통한 영성 형성에 관한 연구", 197).

그러므로 인간만이 하나님을 찬양할 수 있다는 오만은 버려야 한다. 인간은 하나님의 형상으로서의 특권 의식에 젖어선 안 된다. 인간에게 하나님의 형성으로서의 특권이 부여되었다면 그것은 하나님을 예배하고 찬양할 뿐만 아니라 자연과 인간이 하나님을 찬양할 수 있도록 자연의 권리와 인간의 권리를 존중하는 데 있을 것이다. 모든 존재가 하나님 앞에서 하나님을 예배하고 찬양할 때 하나가 될 수 있다. 하나님을 예배하고 찬양할 때만이 모든 존재들이 결합될 수 있다. 하늘에서 울려퍼지는 천상의 소리와 땅에서 울려퍼지는 지상 합창대의 소리가 결합되어 거대한 교향곡이 울려퍼질 때 모든 존재가 하나가 될 수 있다.

모든 피조물이 하나님을 찬양하게 하기 위해선 인간의 책임이 막중하다. 자연을 대상화하고 파괴한 죄가 인간에게 있지만 그럼에도 여전히 인간은 비인간 동물을 포함한 피조물들과 구분되는 하나님의 대리자다. 시 8:5에서 하나님은 인간을 하나님(엘로힘)보다 조금 못하게 창조하셔서 다른 피조물을 다스리는 대리 통치자로 삼으셨다고 말씀하신다. 하나님은 인간과 다른 피조물들을 철저히 구분하면서 인간에게 그들을 보살피고 다스릴 권한을 위임하신 것이다. 여기서 인간이 위임받은 다스림은 "전제적이고 약탈적인 다스림이 아니라 지혜롭고 정의로운 다스림"이다(Lucie Kolarova, "The Animal within Creation: Thoughts from Christian Theology," 47).

그렇다면 인간이 위임받은 이후의 태도와 행동은 하나님의 말씀을 따르는 것이다. 하나님은 동물과 땅에게도 긍휼을 베풀고 돌보시는 분이다. 동물도 엄연히 하나님의 계약 당사자임을 상기해야 할 것이다. 하나님은 노아 계약을 통해 먼저 인간과 계약을 맺고 그 이후에 동물과도 계약을 맺으시면서(창 9:8-10) 홍수로 인한 모든 생물과 땅의 파멸이 다시는 없을 것이라고 말씀하셨다. 그 증거로 하나님은 무지개 현상을 주셨다. 무지개 현상은 세계를 보존하기로 약속하신 하나님의 일방적인 은혜의 증거다. 무지개 현상이 나타나는 한 하나님은 노아 계약을 기억하며 자신의 약속을 지키실 것이다. 인간의 남은 과제는 하나님의 약속을 깊이 신뢰하며 고통받는 자연세계의 해방과 자유를 위해 노력하는 것이다.

서신서 말씀 | 갈 6:14-18

"할례나 무할례가 아무 것도 아니로되 오직 새로 지으심을 받는 것만이 중요하니라"

갈라디아 교회에 문제가 있었다. 유대계 그리스도인 출신의 할례받은 유대주의자들이 할례받지 않은 이방계 그리스도인들에게 할례를 선동하며 할례를 강요했던 것이다. 바울은 할례를 강요하는 선동자들이 육체로 자랑을 추구했다고 일갈했다. 바울에게 참된 자랑은 육체로 자랑하는 것이 아니라 예수 그리스도의 십자가뿐이었다. 바울은 문벌, 학벌, 율법에 대한 열심 등에서 볼 때 자랑할 게 많은 사람인데 이제는 모든 것을 배설물로 여기고 그리스도의 십자가만을 자랑하겠다고 말한다. 세상의 관점에서 보면 그리스도의 십자가는 경멸의 대상이고 수치였지만 바울은 그리스도의 십자가를 자랑으로 여겼다.

삶의 전환이 없으면 불가능한 신앙고백이다. 바울의 전환은 세상을 바라보는 관점이 달라졌다는 것을 의미한다. 전에는 세상이 바울을 지배하고 영향력을 행사했다면, 이제 바울은 더는 세상에 미련을 두지 않게 된 것이다. 이런 전환을 바울은 이렇게 표현했다. "그리스도로 말미암아 세상이 나에 대하여 십자가에 못 박히고 내가 또한 세상에 대하여 그리하니라"(14b절) 바울이 그리스도와 함께 십자가에 못 박히고 그리스도 안에서 살기 때문에 바울의 입장에서 보면 세상이 죽은 것이다. 이와 반대로 세상의 입장에서 보면 바울이 죽은 것이다.

이방계 그리스도인들에게 할례를 강요한 유대주의자들을 상대로 투쟁해 온 바울은 이제 결론에 이르러 할례를 받거나 할례를 안 받는 것이 중요한 것이 아니라 새롭게 창조되는 것이 중요하다고 선언한다. "할례나 무할례가 아무 것도 아니로되 오직 새로 지으심을 받는 것만이 중요하니라"(15절) 유대주의자들은 구원의 조건을 할례로 보았지만, 바울이 볼 때 중요한 것은 할례와 무할례를 넘어 새로운 창조, 즉 "새로 지으심을 받는 것"이다. 그리스도 안에 있는 사람이 새로운 피조물인 것이다. "그런즉 누구든지 그리스도 안에 있으면 새로운 피조물이라"(고후 5:17).

인간은 자신들의 방식대로 구원의 조건을 까다롭게 제시하여 다른 인간들을 차별한다. 할례나 혈통이나 인간적 배경을 통해서 말이다. 그러나 이것은 반(反)복음적인 것이다. 이것이 교회에서조차 통용된다면 교회는 낡은 공동체가 되고 세상으로부터 버림받을 것이다. 교회는 하나님 나라의 전위 부대로서 세상의 공동체와는 날카롭게 대조되는 신앙 공동체가 되어야 할 것이다. 이는 우리의 능력과 지혜와 힘으로 되지 않는다. 주님의 십자가 사건에 대한 깊은 묵상에서 나오는 고요한 실천과 그렇게 하게 하신 주님의 은혜에 대한 감사로 가능할 것이다.

이제 바울은 긴 논쟁과 권면을 마치고 축복을 선언한다. "무릇 이 규례를 행하는 자에게와 하나님의 이스라엘에게 평강과 긍휼이 있을지어다"(16절) 축복의 대상은 '이 규례를 행하는 자'와 '하나님의 이스라엘'이다. '규례'는 새로 지으심을 받는 '새창조의 질서'를 가리킨다. 이 법칙을 따라 사는 자에게 평화와 자비가 있기를 축복하고 있는 것이다. 두 번째 축복 대상은 '하나님의 이스라엘'이다. 이는 '육신적인 이스라엘 백성'보다는 그리스도인들을 가리킨다.

바울은 최종적으로 갈라디아 교인들에게 이제부터는 자신을 괴롭히지 말라고 단호하게 명령한다. 그 근거는 자기 몸에 예수의 흔적을 지니고 있기 때문이다. "이 후로는 누구든지 나를 괴롭게 하지 말라 내가 내 몸에 예수의 흔적을 지니고 있노라"(17절) "예수의 흔적"은 예수 때문에 받은 상처 자국들이다. 바울은 자신이 예수의 사도임을 증명하고자 상처 자국들을 제시했던 것이다.

그렇다면 오늘날 사도 바울이 가르친 삶의 전환, 새로 지으심을 받는 것 즉 새로운 피조물이 되는 것, 예수의 흔적을 체화하는 길은 무엇일까? 여러 길이 있겠지만, 오늘날 기후변화가 예고하는 재앙들을 맞서 하나님의 녹색 은총을 회복하는 녹색의 신앙인이 되는 길이 아닐까 싶다. 기후변화로 인해 생물다양성이 감소하고 있고 생물 중 동물 또한 인간의 욕망으로 인해 고통받고 있다. 바울은 인간만이 아니라 모든 피조물이 함께 신음하며 구원을 갈망하고 있다고 말한다(롬 8:22-23). 신음은 인간만이 하는 것이 아니다. 그렇다면 우리는 동물의 고통도 간과해선 안 될 것이다. 이제는 인간중심주의와 종 차별주의를 벗어나야 할 때가 되었다. 왜냐하면 동물은 같은 하나님의 피조물로서 여섯째 날에 인간과 함께 창조된 '여섯째 날의 공동체'이기 때문이다. 인간과 동물을 포함한 모든 피조물의 고통에 응답하는 것이 바로 새로 지으심을 받는 것, 새로운 피조물이 되는 길일 것이다.

복음서 말씀 | 마 6:25-34

"공중의 새를 보라. 심지도 않고 거두지도 않고 창고에 모아들이지도 아니하되, 너희 하늘 아버지께서 기르시나니, 너희는 이것들보다 귀하지 아니하냐?"

마 6:25-34은 산상수훈(마 5-7장)의 일부다. 본문과 연결된 6:19-24에서 예수는 보물을 땅에다가 쌓아 두지 말고 하늘에 쌓아 두라는 교훈과 더불어 사람은 하나님과 재물을 동시에 섬길 수 없음을 강조하셨다. 그러므로 이 구절들의 주제는 하나님께 대한 온전한 헌신이다. 그렇다면 하나님만을 온전히 섬긴다면 이 세상에서 어떻게 먹고 입으며 살아갈 수 있는가 하는 물음이 가능할 것이다.

마 6:25-34는 바로 이 문제에 대한 예수의 응답이다. 예수는 염려하지 말라고 말씀하신다. 본문에서만 "염려하다"라는 단어가 여섯 번 나온다(25, 27, 28, 31, 34a, 34b). "염려하다"는 헬라어로 메림나오(μεριμνάω)인데 '분열하다', '나뉘다'라는 의미의 동사 메리조(μερίζω)에서 나온 것이다. 즉 염려는 분열된 마음, 두 조각으로 나누어진 마음, 두려움이 포함된 걱정을 의미한다. 예수는 25절 후반부에서 염려하지 말아야 하는 이유를 설명한다. 목숨(ψυχή/프쉬케)이 음식보다 소중하고, 몸(σῶμα/소마)이 옷보다 소중하다는 것이다. 이런 논증은 랍비들의 논증법인데, 더 큰 것이 있으면 더 작은 것은 따라온다는 것(a minori ad maius)이다. 그러므로 목숨과 몸을 주신 하나님이 음식과 옷을 공급해 주신다는 것이다.

26-30절에서 예수는 염려하지 않아야 할 두 번째 이유를 설명한다. 26절에서 예수는 자연세계를 예로 들며, 공중의 새를 주의 깊게 보면(ἐμβλέπω/엠블레포) 새들은 남성들의 노동처럼 씨를 심고 거두고 곳간에 모아들이지 않지만 하나님이 그들을 돌보신다는 것이다. 하물며 새보다 귀한 인간을 하나님이 돌보시지 않겠느냐는 것이다. 따라서 예수의 교훈은 노력이 필요 없다는 것이 아니라 염려하지 말라는 것이다. 27절에서 예수는 염려를 통해 원하는 것을 성취할 수 없다고 말한다. 인간은 염려한다고 해서 키를 한 자라도 더할 수 없다는 것이다. 키(ἡλικία/헬리키아)는 수명(목숨)으로 바꿔도 무방하다. 그렇다면 염려

한다고 자기 수명을 한순간인들 늘일 수 없다는 것으로 해석할 수 있다.

이처럼 26-27절에서 공중의 새를 소재로 음식을 염려하는 것에 대해 교훈한 것처럼, 예수는 28-30절에서 들의 백합화를 소재로 옷을 염려하는 것에 대해 교훈한다. 들의 백합화는 수고(남성의 노동행위)도 하지 않고 길쌈(여성의 노동행위)도 하지 않지만, 솔로몬의 영광이 아무리 크다 해도 백합화 한 송이의 아름다움에 비길 수 없다는 것이다. 하나님이 내일 아궁이에 들어갈 들풀도 이렇게 아름다운 옷으로 입히시는데, 하물며 인간에 대한 하나님의 돌보심은 어떠하겠느냐는 것이다. 그러므로 공중의 새의 비유처럼 들의 백합화의 비유는 노력을 하지 말라는 것이 아니라 염려하지 말라는 것으로 이해할 수 있다. 물론 예수는 복음을 전파하는 가운데 제자들에게 많은 고난이 뒤따를 것이라고 말씀하셨다. 그리고 하나님이 공중의 새를 돌보신다고 하지만 새들도 땅에 떨어지는 현실도 인정하셨다(마 10:29). 비록 예수가 본문에서 동물이 희생되는 사태에 대해 말하지는 않는다 해도 동물과 식물의 불행과 교회 안에서의 고난과 죽음에 대해 알고 계셨을 것이다.

그러므로 "믿음이 작은 자들아"(30절)라는 예수의 말씀을 자연세계와 인간 사회에서 일어나는 고난과 고통을 외면한 채 하나님을 무조건 신뢰하라는 뜻으로 이해하면 안 될 것이다. 오히려 비록 우리가 자연세계와 인간사회의 어려운 상황에 직면한다 해도 하나님의 돌보심을 신뢰하며 먼저 하나님의 나라와 하나님의 의를 향해 나아가야 한다는 의미로 새겨야 할 것이다. 31절은 25-30절을 요약하는 말씀이다. 무엇을 입을까, 무엇을 마실까, 무엇을 입을까, 하고 염려하지 말라는 것이다. 32절은 이방인과 그리스도인의 삶을 뚜렷이 대비시킨다. 이런 것들을 염려하는 것은 이방인의 삶이라는 것이다. 물론 주기도문이 가르쳐 주듯이 먹을 것과 입을 것을 두고 기도하는 것이 잘못된 것은 아니다. 그러나 중요한 것은 무엇을 먼저 염려할 것인지의 문제다. 하나님은 우리가 필요로 하는 것을 모두 아시므로 우리가 먼저 염려해야 할 것은 의식주가 아니라 하나님의 나라와 하나님의 의의 우선성이다. 그러므로 33-34절에서 결론적으로 예수는 먼저 하나님의 나라와 하나님의 의를 구하면 이 모든 것을 덤으로 주실 것이라고 말씀하신다.

마지막으로 예수는 내일 일에 대해 염려하지 말라고 말씀하신다. 내일 걱정은 내일이 맡아서 할 것이니 한 날의 괴로움은 그 날에 겪는 것으로 족하다는 것이다. 미래에 대한 염려는 하나님께 내어맡기고 우리가 직면한 상황에서 먼저 하나님의 나라와 하나님의 의를 구하고 염려하는 일에 최선을 다하라는 것이다. 먼저 하나님의 나라와 하나님의 의를 구하고 염려하는 일에는 인간사회에서 벌어지는 모든 고통만이 아니라 동물과 식물의 고통도 포함될 것이다.

김성호 목사(나섬교회)

인간은 우주 만물 가운데 하나일뿐

창세기 1:26–28, 시편 8:1–10, 빌립보서 2:1–8, 마가복음 10:41–45

구약의 말씀 | **창 1:26–28**

"하나님이 자기 형상 곧 하나님의 형상대로 사람을 창조하시되 남자와 여자를 창조하시고"

우주만물을 창조하신 하나님은 여섯째 날에 사람을 지으셨다. 그때 하나님과 천사들과 우주만물삼라만상이 이미 존재했다. 그들이 지켜보는 가운데 우리가 생겨났다. 창조된 순서로 말하자면 사람은 맨 나중이다. 아마 나무는 우리를 보며 '동생'이라고 부를 것이다. 새는 날아가다가 우리를 보며 '막내야'라고 하리라. 이런 생각이 하니 초등학교 시절이 떠오른다. 5학년일 때 우리는 2–3학년 동생들에게 으스대며 말했다. '내가 가방 메고 학교 다닐 때, 너는 임마 엄마 젖 물고 있었어. 너 나한테 까불지 마.'

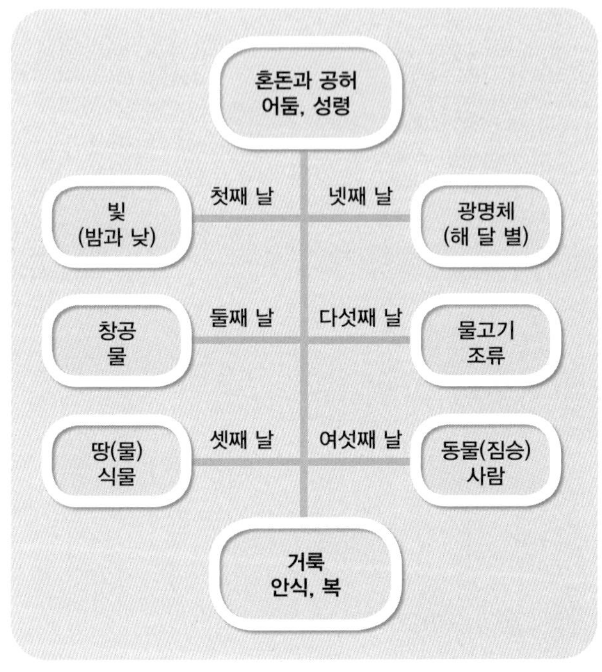

하나님께서 인간을 다른 피조물보다 맨 나중에 막내둥이로 태어나게 하신 이유가 과연 무엇일까?

인간은 무엇으로부터 또는 누군가로부터 설명과 안내를 받아야 하고 깨달음을 얻어야만 제대로 된 사람이 되고 제 역할을 할 수 있다. 우리가 어떻게 만들어졌는지, 무엇을 위해서 만들어졌는지, 온 우주에 존재하는 모든 것들을 어떻게 대해야 하는지, 창조하신 하나님을 위해서는 어떤 역할을 해야 하는지 등을 하나하나 설명받으며 배우고 되새김질을 해야만 사람다운 모습을 제대로 갖출 수 있다.

사람 중에 상대하기 제일 어려운 사람은 어떤 자인가? 자기가 뭐 좀

안다고, 잘났다고 자기 스스로 생각하는 사람이다. 그런 사람은 더 나은 것을 가르쳐 주려 해도 받아들이지 않는다. 새로운 것을 가르쳐 주려 해도 듣지 않는다. 자기가 가진 몇 가지 안 되는 경험을 가지고도 남이 모르는 것을 자기 혼자만 아는 체한다. 자신이 예전에 알고 있던 것이 지금도 여전히 진실인지 유효한지조차 점검하지 않는다는 점에서 그는 게으른 사람이다.

우리는 맨 나중에 태어났기 때문에 경건한 탐구자가 되어야 하며, 찬양하고 예배하는 자가 되어야 마땅하다. 하나님께서 우주와 만물에 신비롭게 감추어 두신 온갖 귀한 것들을 하나하나 찾아낼 때마다 그 오묘하신 솜씨와 자애로우신 일들을 감사하고 찬미하고 더욱 드러내는 일이 사람이 맡은 본분이다.

자비하신 하나님, 주님께서 기뻐하시는대로 주님 이름의 영광을 위해 제가 성실히 찾고 조심스럽게 탐구하며 진실하게 알고 완벽하게 표현할 수 있게 도우소서.(아퀸의 토마스 성인)

우리가 만약 처음 만들어졌고 천사들과 만물이 우리 다음에 만들어졌다면 우리는 피조물의 맏형이며, 하나님께서 하신 일을 그들보다 더 많이 안다고 주장해도 되리라. 하지만 우리는 그 위대한 일들 중 아무것도 본 적이 없이 제일 늦게서야 세상에 나왔다. 우리에게는 그 모든 것이 신비롭고, 그 모든 것이 미지의 영역이다. 이건 마치 보물찾기를 하는 것과 같다.

우리는 지구촌의 막내둥이이다. 아시시의 프란치스코 성인은 태양을 형님, 달을 누님이라 불렀다. 인간은 이 세상의 주인이 아니다. 인간이 이 세상에 존재하기 전에 이 세상은 이미 모든 것이 존재했으며 질서를 갖추었다. 풀도 나무도 돌멩이도 다 사람보다 더 연장자이다. 그것들이 생겨나는 데 사람이 한 역할은 단 한 가지도 없다. 하나님은 사람이 있기 전부터 그것들을 이미 있게 하신 분이다.

하나님께서 막내인 우리를 특별히 하나님의 형상대로 창조해 주신 것에 감사하며 겸손하게 처신하면 어떻게 될까? 나무와 새와 돌을 보며 형님 누님으로 모시면 어떻게 될까? 인간이 르네상스 이래 500여 년 동안 자연세계의 지배자로 군림하며 막내둥이인 것을 망각한 결과가 어떻게 되었나? 요즈음 일어나는 기후의 변화와 자연재난은 막내둥이가 형님 누나를 무시하며 버릇없이 행동하는 것을 참다 참다 못한 생태계의 울분이 아닐런지.

시편의 찬양 | 시 8:1−10

"여호와 우리 주여 주의 이름이 온 땅에 어찌 그리 아름다운지요 주의 영광이 하늘을 덮었나이다"

하나님은 피조물들을 그 종류대로 만드셨다. 그것들과 달리 인간만은 하나님의 형상대로 창조되었다. 우주 만물 가운데 하나님 형상대로 지음받은 것은 사람뿐이다. 그런 인간을 하나님은 어떻게 대우하시나?

사람이 무엇이기에 주께서 그를 생각하시며 인자가 무엇이기에
주께서 그를 돌보시나이까 그를 하나님보다 조금 못하게 하시고 영
화와 존귀로 관을 씌우셨나이다(시 8:4-5).

인간은 본디 위와 같은 대우를 받을만한 일을 한 적이 없다. 시 8:4의
말맛을 살려 옮기면 다음과 같다. "소멸될 수밖에 없는 인생이 무엇이라
고 주께서 그들을 생각하시며 사람이 무엇이라고 주께서 그들을 돌보시나
이까" 우주 만물의 주인이자 창조주이신 하나님께서 우리에게 관심을 기
울이시며 배려하시기에 우리는 독특한 피조물이요 소중한 존재다(시 8:5).
시인은 하나님께 감격하며 감사드리면서도, 자신이 지구촌의 막내둥
이인 것을 잊지 않았다.

주의 대적으로 말미암아 어린아이들과 젖먹이들의 입으로 권능
을 세우심이여 이는 원수들과 보복자들을 잠잠하게 하려 하심이니
이다(시 8:2).

인간은 자신을 둘러싼 세상 현실이 마냥 아름답기만 하지 않은 것을
잘 알고 있다. 성경은 그런 현실을 충실히 반영하여 여러 곳에 사람들이
부리는 행패를 기록했다. 시편 2-7편에도 이런 모습들이 다양하게 표

현되었다. 그런 행위를 살펴보면, 어린아이들과 젖먹이들이라는 표현은 하나의 비유다. 마치 이사야가 야웨의 종이 부른 노래(사 52:13-53:12)를 소개하며 고난당하는 종이 '순한 양'같다고 하였듯이, 온갖 잔꾀와 폭력을 행사하는 대적들 앞에서, 믿음대로 살려는 사람은 어린아이(젖먹이)처럼 힘없이 보였으리라.

하나님은 그 연약한 사람들, 자기를 충분히 방어할 힘과 능력이 없는 사람들에게 힘을 주셔서 야웨께서 이름으로 행하신 일을 찬양할 수 있게, 노래를 부를 수 있게 만드셨다. 어지러운 세상에 살면서도 찬양할 수 있음이 곧 하나님 은혜요, 하나님이 공급해주시는 힘이다. 하나님께서 연약하면서도 믿음대로 살려는 사람에게 온 천지에 묻어두신 힘, 얼핏보면 보이지 않는 숨겨진 힘(저력)을 주셨다. 이에 시 8:2 뒷부분에 '끝장내기 위하여'(잠잠하게 하시려고)라고 했다. 이 말에는 안식, 휴식이라는 뜻도 들어있다.

적대자들이 쓰는 힘과 똑같이 폭력이 사용되는 곳, 다시 말해 대결과 적대의식이 있는 곳에서는 진정한 안식과 휴식도 없다. 하나님은 '대적들과 복수하려는 욕구'를 끝장내고 참된 안식을 얻게 하시려고, 하나님은 어린아이와 젖먹이로 상징되는 연약한 사람들에게 힘(지혜와 능력)을 주셨다. 이는 하나님께서 사람이나 세상을 상대하시는 모습은 이 세상의 대결적인 행태와 전혀 다르다는 사실을 말해준다. 곧 젖먹이나 어린아이를 눈앞에 두고도 여전히 살기등등할 사람이 이 세상에 어디 있을까?

보통의 경우 인간은 사람에게도 자연세계에게도 쌀쌀맞다. 그런 사람은 '환경'이란 말을 쓴다. 환경은 나를 중심으로 동그란 고리(環)처럼 보이는 경치(境)이다. 비유하자면 이것은 지구를 중심으로 하늘이 돈다고 주장하는 천동설과 같다. 하늘은 천막처럼 둥글게 펴져 있는 환경이다. 지구(중심)인 나는 가만히 있고 태양은 물론 밤하늘 별과 달들이 나란 인간을 중심으로 움직인다.

우리는 환경 대신 생태라는 낱말을 쓴다. 비유하자면 이것은 마치 지구 중심(천동설)에서 벗어난 지동설 같다. 생(生)이란 땅(一) 위의 소(牛)처럼 괴로운 모습이 아니라 땅(一)에서 싹(牛)이 나온 아름다운 모습이다. 태(態)란 아무것에도 꿀리지 않는 곰(能)의 당당한 마음(心)이다. 능력 능(能)은 곰(能)에서 비롯된 의미를 담고 있다.

1866년 독일의 생물학자 에른스트 헤켈(Ernst Haeckel)은 《생물체의 일반 형태론 *Generelle Morphologie der Organismen*》에서 '생태학(Ökologie)'이라는 말을 처음 사용했다. 그는 생태학을 '유기체와 무기적 환경, 그리고 함께 생활하는 유기체들을 둘러싼 외부세계 사이의 관계에 관한 학문'이라고 불렀다. 이 용어는 1893년 국제식물학회의에서 정식으로 등재되었다. 그의 말대로 우리가 사는 생태계에는 무생물과 생명, 식물과 동물들이 있는 그대로 아름답고 당당한 모습으로 그물망처럼 얽히고설켜 있으면서 서로 영향을 주고받는다.

이런 생태계에서 우리는 다른 피조물을 어떻게 대할까? 시 8:6을 보자. "주의 손으로 만드신 것을 다스리게 하시고 만물을 그의 발아래 두셨으니" 이것은 "하나님이 그들에게 복을 주시며 하나님이 그들에게 이르시되 생육하고 번성하여 땅에 충만하라, 땅을 정복하라, 바다의 물고기와 하늘의 새와 땅에 움직이는 모든 생물을 다스리라 하시니라"(창 1:28)는 말씀의 메아리로 들린다.

하나님께서 우주의 막내둥이(인간)에게 주신 이 복을 어떻게 활용할까? 나는 그 복으로 피조물들에게 긍정적·유익한 효과를 만들어내는 자인가, 아니면 부정적·해로운 결과를 가져오는 자일까? 내 입에서도, 젖먹이와 어린이로 비유되는 나보다 약한 자들에게서도 찬양이 우러나게 하는 자일까?

서신서 말씀 | 빌 2:1-8

"너희 안에 이 마음을 품으라. 곧 그리스도 예수의 마음이니."

예수님은 낮아지신 분이다. 어디까지? 보통 사람이 상상할 수 있는 경지보다 훨씬 더 낮은 곳으로. 하나님은 그렇게 낮아지신 예수님을 통해 생태계를 바라보신다. 살바도르 달리의〈성 요한의 십자가의 그리스도〉(1951)가 아주 실감나게 그려냈다. 하나님 쪽에서 예수님 십자가를 통해 바라보는 생태계가 얼마나 귀하고 소중할지를.

요즘 인류세(Anthropocene)라는 말이 자주 쓰인다. 베르나츠키(Vladimir Vernadsky)가 1938년 노오스피어(Noosphere)란 말로 그 단서를 제공한 이래 1960년 소련의 과학자들이 인류세라는 용어를 썼다. 1980년 쉬퇴르머(Eugene F. Stoermer)가 다른 의미로 이것을 쓴 다음 크루첸(Paul Crutzen)이 2002년 〈네이처 Nature〉에 기고한 논문에서 '인류세' 개념을 제안한 뒤 이에 관한 논의가 폭넓게 전개되고 있다.

사실 이런 개념은 이 용어보다 더 훨씬 더 오래되었다. 18세기 뷔퐁(Georges-Louis de Buffon)은 "지구 전체가 이미 인간이 끼치는 영향의 흔적을 안고 있다."라고 보았다. 자유주의 신학자들 중에도 공공연히 '신학은 인간학이다.'라고 말하는 이들도 있다. 인류세니 '신학은 인간학'이니 하는 말들이 다 부정적인 것은 아니라도, 이 말 자체에 이미 인간 중심적인 사고방식이 깔려 있다. 이런 생각은 신앙의 길에서 멀리 떨어져 있다.

가만 생각해보니 예수님을 알지도 못했던 홍대용(洪大容, 1731~1783)이 서양 기독교문명권에서 사는 크루첸보다 한결 더 신앙적으로 보인다. 그는 《의산문답 毉山問答》에서 말했다. "사람의 입장에서 만물을 보면 사람이 귀하고 만물이 천하다. 만물의 입장에서 사람을 보면 만물이 귀하고 사람이 천할 것이다. 그러나 하늘의 입장에서 보면 사람이나 만물이나 다 같은 것이다."

창조주이신 하나님은 우주의 막둥이인 우리에게 천지만물과 삼라만상을 만나게 하셨다. 그들을 우리 인생의 동반자·동행자로 대우하며 사는 청지기로 세워주셨다. 청지기는 다른 피조물들과의 관계에서 하나님의 뜻을 우선적으로 받드는 하나님의 종이다.

종에게 필요한 기본자세는 무엇일까? 그것은 자존심과 제 기분대로 하는 태도를 내려놓는 것이다. 그것들로는 주인을 섬길 수 없다. 자기 권리를 주장하는 싸움꾼의 심정으로는 절대로 종의 역할을 할 수 없다.

오히려 법과 상식으로 보자면 이것을 주장하는 것이 내 권리더라도 '주님, 주님의 영광을 위하여 내 스스로 양보하겠나이다'라고 하는 데서 청지기 의식이 빛난다. 마땅히 내 권리요 내 소유처럼 여겨지는 것이라도 그것을 포기하는 것으로 주님의 종인 것이 드러나고 주님의 평화가 이루어진다면, '주님, 말씀하옵소서, 제가 듣겠나이다. 명령만 내리소서, 제가 시행하겠나이다.' 라는 것이 착하고 충성된 종의 자세이다.

이런 뜻에서 우리는 하나님과 하나님 말씀의 권고에 늘 부드러운 눈빛과 순종적인 말투로 반응하는 사람이 되어야 하리라. 억울한 생각이 드는가? 아니다. 그것이 오히려 하나님 앞에서 우리의 명예이며 자랑이다. 장차 하나님 나라에서 큰 칭찬과 영광을 받게 될 것이다. 우리가 하나님을 경외하는 종의 마음을 모아서 하나님께 바칠 때, 하나님은 우리를 지극히 높이셔서 '만물을 우리의 발아래 두게 하시고 다스리고 정복하게' 하신 선택이 돋보이리라.

이런 사실을 잘 아는 사도 요한은 우리에게 권했다.

보라 아버지께서 어떠한 사랑을 우리에게 베푸사 하나님의 자녀라 일컬음을 받게 하셨는가 사랑하는 자들아 우리가 지금은 하나님의 자녀라 장래에 어떻게 될지는 아직 나타나지 아니하였으나 그가 나타나시면 우리가 그와 같을 줄을 아는 것은 그의 참모습 그대로 볼 것이기 때문이니 주를 향하여 이 소망을 가진 자마다 그의 깨끗하심과 같이 자기를 깨끗하게 하느니라(요일 3:1-3).

하나님은 인간을 창조하신 다음에 '생육하고 번성하여 땅에 충만하라, 땅을 정복하라, 바다의 물고기와 하늘의 새와 땅에 움직이는 모든 생물을 다스리라'(창 1:28)며 복을 주셨다. 이 복은 언제 어떻게 실현될까?

어떤 좋은 것이 눈에 보일 때 '내가 처음이 아니라 마지막이다'라는 심정으로 겸손하게 처신할 때 하나님께서 약속하신 복이 온전히 실현된다. 어떤 귀한 것이 눈에 보일 때 '내가 일등으로 차지해야지' 하는 곳에서는 다툼과 분쟁, 시기와 소란이 일어난다. '사람은 이 세상 만물 가운데 마지막으로 태어났으니 귀하고 좋은 것도 마지막 순서로 가져야지' 하는 정신으로 살면 하나님께서 '생육하고 번성하여 땅에 충만하라, 땅을 정복하라, 바다의 물고기와 하늘의 새와 땅에 움직이는 모든 생물을 다스리라'라고 말씀하신 대로 이루신다. 요즘 사람들은 땅이나 집을 좋아한다. 성경은 어떤 사람이 땅을 소유한다고 가르치는가? "온유한 자는 복이 있나니 그들이 땅을 기업으로 받을 것임이요."(마 5:5)

내친김에 낮은 자리에 처하는 사람에게 주어질 복을 상고해보자.

겸손한 자는 먹고 배부를 것이며 여호와를 찾는 자는 그를 찬송할
것이라 너희 마음은 영원히 살지어다(시 22:26)
그러나 온유한 자들은 땅을 차지하며 풍성한 화평으로 즐거워하리
로다(시 37:11)
겸손과 여호와를 경외함의 보상은 재물과 영광과 생명이니라(잠 22:4)
그러므로 하나님의 능하신 손아래에서 겸손하라 때가 되면 너희를
높이시리라(벧전 5:6)

복음서 말씀 | 막 10:41-45
"너희 중에 누구든지 으뜸이 되고자 하는 자는 모든 사람의 종이 되어야
하리라."

생태적으로 생활하는 사람은 사람들 사이에 나타나는 제각각의 차
이, 동식물들 사이에 엿보이는 저마다의 차이를 인정하며 받아들인다.
거기에 함부로 가격이나 순위를 매기지 않는다. 그보다는 제각각의 고
유한 가치를 인정한다.
《장자》〈제물론 齊物論〉에 인간이 지닌 자기중심적인 사고를 비꼬는
이야기가 있다.

사람들은 모장과 여희가 아름답다고 하는데도, 물고기는 그들을 보자마자 물속 깊이 들어가 숨고, 새는 그들을 보자마자 높이 날아가고, 사슴은 다급하게 도망간다.

모장과 여희는 춘추전국시대 왕들이 총애했던 미인이었다. 놀랍게도 그들의 미모는 인간의 눈에서나 가치있게 보일 뿐이다. 물고기, 새, 사슴은 사람들이 기웃거리는 특별한 사람이나 그냥 평범한 사람이나 구별하지 않는다. 그 모두를 다 자신들의 생존을 위협하는 상대로 볼 뿐이다. 참 슬픈 일이다.

알티비데스라는 부자는 소크라테스에게 자신의 땅이 얼마나 넓은지 자랑했다. 그러자 소크라테스는 세계지도를 펴놓고 물었다. "당신의 땅이 이 지도에 어디에 있습니까?" 알티비데스는 "농담이 지나치십니다. 내가 아무리 토지를 많이 가졌다 해도 세계지도에 나와 있을 리가 있겠습니까?" 라고 대답했다. 그러자 소크라테스는 "겨우 지도에서 그 흔적도 찾아볼 수 없을 정도의 땅을 가지고 누가 알아준다고 자랑한답니까?" 했다. 그 말에 알티비데스는 얼굴이 빨개진 채 그 자리를 떠났다.

이야기는 단지 재산에 국한되지 않는다. 알량한 지위나 직분을 둘러싼 다툼은 사람 사는 세상 곳곳을 얼룩지게 만든다, 심지어 교회 안에서조차.

막 10:35-41에 나오는 이야기는 우리에게 조금도 낯설지 않다. 한편으로는 이 이야기 속에 담긴 귀한 교훈이 우리에게 잘 알려져 있다.

다른 한편으로는 이와 같은 일이 오늘도 우리 교회 식구들, 너와 나 사이에서 벌어지기에 낯익다.

이런 것이 아주 일상적인 일이라서 그럴까? 교회 안에서 야고보와 요한처럼 행동하는 사람들 대부분은 그런 것을 조금도 어색해하지도 거리끼지도 않는다. 그들도 물론 예수님 말씀 "너희 중에 누구든지 크고자 하는 자는 너희를 섬기는 자가 되고 너희 중에 누구든지 으뜸이 되고자 하는 자는 모든 사람의 종이 되어야 하리라"(막 10:43-44)을 입에 달고 산다.

사람들끼리 목숨까지 걸어가며 네가 높으니 내가 높으니 하는 것이 우주만물이 함께 살아가는 이 생태계를 염두에 두고 보면 도토리 키재기일 뿐이다. 이런 사실을 잘 알면서도 달팽이 뿔 위에서 영역다툼을 하는(와각두쟁 蝸角斗爭) 모습이 오늘날 대한민국에 사는 나와 너 사이에서 일상적으로 일어난다.

창세기 2장은 인간이 창조되기 이전의 상태를 이렇게 전한다. "그리고 들의 모든 초목이 아직 땅에 있기 전, 그리고 들의 모든 채소가 아직 자라기 전이었다. 이는 야웨 하나님께서 (아직) 땅에 비를 내리지 않으셨고 (아직) 땅을 섬길 사람이 없었기 때문이었다."(창 2:5 직역) 여기서 '(땅을) 갈다'고 한 말은 낮은 사람이 높은 사람을, 노예가 주인을 모시는 모습을 가리키는 말(아바드)이다. 이것은 "인자가 온 것은 섬김을 받으려 함이 아니라 도리어 섬기려 하고…"라는 말씀과 곧바로 통한다.

이런 뜻에서 생태계와 거기 있는 피조물을 괴롭히는 것은 하나님의 창조섭리에 어긋나는 태도다. 그 예는 우리가 다른 사람들을 밟고 일어설 대상으로 삼는 것이다. 그 과정에서 우리 가슴이 얼마나 차가워지는가! 사람에게 차가운 사람은 생태계에도 냉혹하다.

위와 같은 모습이 다일까? 아니다. 신앙인은 겉으로 보기에는 세상 사람과 다르지 않은 것처럼 보일지라도, 실제로는 물질적인 것의 가치보다 정신적인 것의 가치에, 겉으로 보이는 것의 가치보다는 눈에 보이지 않는 내면적인 것의 가치에 더 높은 비중을 두고자 한다.

우리는 오늘 생태계를 교란시키며 살아간다. 마 10:41-45은 그런 우리에게 내밀어진 도전장이다. 이 말씀이 아주 잘 알려져 있기에, 그리고 우리 현실에 딱 맞아떨어지기에 이 말씀을 외우며 고상한 척하는 사람도 있다. 진정한 신앙인은 그렇게 하지 않는다. 그 대신 이 말씀대로 살아내는 사람이 되고자 한다.

예수님은 우리에게 복음을 머리로 아는 대신 몸으로 살아내는 본보기를 보여주셨다. 그것을 입술에 오르내리게 하는 대신 가슴에서 뜨겁게 작동시키셨다(빌 2:1-8). 예수님의 그 모습을 본받아야 우리는 비로소 높은 사람이 된다. 으뜸가는 사람의 경지에 오른다. 복음을 살아내는 사람을 가리켜 우리는 하나님의 참된 사람이라고, 생태계의 진정한 청지기라고 부른다. 이런 사람이 하나님 나라에서 높은 사람이요 으뜸가는 사람이다.

정현진 목사(목회와신학연구소)

참 아름다워라

창조절 13개 주제별 성구해설집

초판 발행 2024년 9월 13일
지은이 김성호 외 11인
펴낸이 최 영
디자인 디자인 로뎀
펴낸곳 ITS
등 록 제25100-2014-000022호
주 소 서울 서대문구 경기대로55(충정로2가)
전 화 02-365-6194
이메일 kisinyon@hanmail.net
ISBN 979-11-964159-5-2